职业教育规划教材

汽车车身维修焊接实务

陈　庭　主　编

李建明　胡新宇　副主编
李远军　主　审

化学工业出版社

·北京·

本教材按照工作过程为导向开发教学情境，共设置焊接基础知识、焊条电弧焊焊接、二氧化碳气体保护焊焊接、电阻点焊焊接、铜钎焊焊接、锡铅焊焊接、铝焊焊接、车身板件切割八个教学任务。为方便教学，本书配套电子课件。

本教材适用于高等职业院校、中等职业学校汽车整形技术专业教学使用，也可作为焊接从业人员的岗位前培训教材，同时还可作为从事汽车维修行业技术人员的自学书籍及参考资料。

图书在版编目（CIP）数据

汽车车身维修焊接实务/陈庭主编 . —北京：化学工业出版社，2015.4
职业教育规划教材
ISBN 978-7-122-23258-8

Ⅰ.①汽⋯　Ⅱ.①陈⋯　Ⅲ.①汽车-车体-车辆修理-高等职业教育-教材　Ⅳ.①U472.4

中国版本图书馆 CIP 数据核字（2015）第 043925 号

责任编辑：韩庆利　　　　　　　　　装帧设计：刘丽华
责任校对：王素芹

出版发行：化学工业出版社（北京市东城区青年湖南街 13 号　邮政编码 100011）
印　　装：大厂聚鑫印刷有限责任公司
787mm×1092mm　1/16　印张 10　字数 253 千字　2015 年 6 月北京第 1 版第 1 次印刷

购书咨询：010-64518888（传真：010-64519686）　售后服务：010-64518899
网　　址：http://www.cip.com.cn
凡购买本书，如有缺损质量问题，本社销售中心负责调换。

定　　价：23.00 元

前言
FOREWORD

为贯彻《国务院关于大力发展职业教育的决定》，深化职业教育教学改革，积极推进课程改革和教材建设，满足职业教育发展的新需求和汽车维修行业技能规范，组织高职高专骨干教师和相关企业的专业人员编写了本教材，供高等职业院校汽车车身整形技术专业教学使用。

本教材结合高职高专教学特点，体现任务驱动的教学理念，突出实用性和实践性。本教材主要有以下特点：

1. 内容覆盖广，并注重"实用为主，够用为度"，体现职业教育的特色。教材内容基本覆盖汽车车身焊接维修的各种焊接方法，并减少了焊接理论篇幅，增加实践环节的内容。

2. 体现任务驱动的教学理念。以车身维修岗位中的典型工作任务为驱动，按照工作过程组织学习，确定理实一体化的教学模式。注重引导学生明确工作任务、分析和解决任务实施中问题、交流学习心得，体现以学生为主体，强化学生在教学中的地位。

3. 紧密结合职业岗位要求。教材内容力求符合最新的国家及行业相关岗位要求和职业技能鉴定的要求，为学生考取双证提供帮助。

参加本书编写工作的有：湖北交通职业技术学院的陈庭（编写学习任务一、学习任务三、学习任务四），湖北交通职业技术学院的李建明（编写学习任务二、学习任务七），湖北交通职业技术学院的胡新宇（编写学习任务五、学习任务六），湖北交通职业技术学院的田兴政（编写学习任务八）。全书由陈庭担任主编，李建明、胡新宇担任副主编。湖北交通职业技术学院的李远军担任主审，并提出了许多宝贵意见。武汉众泰恒通汽车技术服务有限公司的曾喜红、广物汽贸东莞分公司的蔡东来提供了相关资料和技术支持，在此向他们表示感谢。

本书配套电子课件，可赠送给用书的院校和老师，如果需要，可登陆 www. cipedu. com. cn 下载。

限于编者经历和水平，书中难免存在不足之处，敬请广大读者及时提出修改意见和建议，以便再版时补充完善。

编者

目录
CONTENTS

学习任务八　车身板件切割

参考文献

学习任务一

焊接基础知识

 知识准备

　　1. 车身焊接特性

　　焊接广泛地使用于工业中，在汽车车身的制造和维修中更是不可缺少。焊接的主要特性如下：

　　(1) 焊接外形不受限制，并具有强韧和稳固的结合能力；

　　(2) 减轻重量；

　　(3) 密封性良好；

　　(4) 改善工作效率；

　　(5) 焊接点的强度大小与操作者的技术水平有关；

　　(6) 如果焊接温度过高，周围钢板会变形。

　　2. 车身总成焊接方法

　　依车身零件位置的不同，对零件有不同的强度和耐久度的要求。在汽车制造厂的车身组

装中，会根据其使用目的、零件形状和板件厚度选择最合适的焊接方法，如图1-1所示。

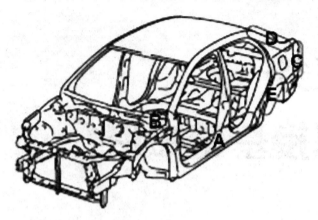

图1-1　汽车制造中所使用的各种焊接方法
A—电阻点焊；B—气体保护焊；C—激光焊接；D—铜钎焊；E—黏合剂

在汽车车身中，常用的焊接类型主要有：压接焊、熔接焊、钎焊等。

（1）压接焊

压接焊是利用电极加热使钢板处于软化熔融状态，再施以压力使钢板接合到一起的方法。电阻焊接是压接焊的一种，常用于汽车的制造和维修作业中。

电阻点焊是压接焊的一种，利用低电压、高强度的电流流过加压在一起的两块金属板时产生的大量电阻热，用电极的挤压力把它们熔合在一起。

车身修理中所用的电阻点焊机通常是指需要在金属板的两边同时施加焊接压力的设备（双面点焊设备），如图1-2所示。而不是在两块金属板的一边施加压力的点焊机（单面点焊设备）。

图1-2　双面点焊

电阻点焊过程中产生的热量少，对板件的影响小，可以进行快速、高质量的焊接，对操作者要掌握的操作技巧要求也比较少。电阻点焊适用于焊接车身上要求焊接强度好、不变形的薄型熔融板件，如车顶、窗框和车门框、门槛板以及外部板等部件。

（2）熔接焊

熔接焊是对要焊接的部位钢板进行加热直到它们熔融到一起，无需施加压力。常用的方法有焊条电弧焊、氧-乙炔焊、惰性气体保护焊、激光焊接。惰性气体保护焊中的二氧化碳气体保护焊常用于汽车车身维修作业中。

① 焊条电弧焊　焊条电弧焊是以焊条和焊件作为电源的两个电极，通以低压大电流，在焊条末端和焊件之间形成电弧，利用电弧产生的高温使药皮、焊芯和焊件熔化，药皮熔化过程中产生的气体和熔渣，不仅使熔池与电弧周围的空气隔绝，而且和熔化了的焊芯、焊件发生一系列冶金反应，使熔池金属冷却结晶后形成焊缝。

焊条电弧焊设备简单，价格低廉，操作灵活方便，适应性强，但生产效率低，焊接质量不够稳定，对焊工操作技术要求较高。

② 惰性气体保护焊　惰性气体保护焊使用的是盘式焊丝，焊丝以一定的速度自动进给，焊丝在接触板件后，在焊丝末端与焊件之间出现电弧，电弧产生的热量使焊丝和板件熔合连接在一起。在焊接过程中，保护气体对焊接部位进行保护，以免熔池受到空气的氧化。

惰性气体保护焊有时被混称为二氧化碳保护焊。惰性气体的种类由需要焊接的板件材质决定，对于钢材，都用二氧化碳（CO_2）或二氧化碳（CO_2）与氩气的混合气体作为保护气体。而对于铝材，则根据铝合金的种类和材料的厚度，分别采用氩气或氩、氮混合气体进行保护。如果在氩气中加入 4%～5% 的氧气作为保护气，就可以焊接不锈钢。

现代车身板件已大量采用高强度钢、超高强度钢、铝及铝合金等材质，惰性气体保护焊电弧平稳、熔池小，焊接热量较小，对高强度钢板热影响较小，在焊接汽车车身结构件高强度钢板方面比其他常规焊接方法更适合。

（3）钎焊

钎焊是利用熔点较母材低的其他金属材料熔解后填充于需连接部位而达到接合的方法。钎焊又分为软钎焊和硬钎焊。软钎焊是指钎料熔点小于 450℃ 的钎焊；硬钎焊是指焊料的熔点大于或等于 450℃ 的钎焊。

钎焊只能用在车身密封结构处，在焊接过程中只熔化钎料，而不熔化焊接板件。钎焊过程中，两块板件在较低温度下结合到一起，所以板件产生的变形和应力较小。由于焊接板件不熔化，能够把焊接时不相熔的两种金属结合到一起。

钎焊类似于将两个物体黏在一起，焊接处的强度小于板件强度。在车身维修时只能对制造厂已进行过钎焊的部位进行钎焊，其他地方不可使用钎焊。

3. 车身焊接方法的选择原则

车身维修中，必须采用合适的焊接方法才能维持原有车身上的强度和耐久度。为了达到此要求，可遵循以下基本原则：

① 焊接方法优先选择点焊、CO_2 气体保护焊或 MIG 焊接。

② 除了汽车制造厂指定要求使用钎焊的部位外，其他部位不推荐使用钎焊。

③ 尽量避免使用氧乙炔焊接。

4. 焊接热量对车身板件的影响

在进行车身焊接和热收缩作业时会产生大量的热量，这些热量对车身钢板加热，随着温度的升高，钢板内部的金属晶粒会发生改变，从而影响钢板本身的性能。

（1）加热对低碳钢性能的影响

对低碳钢进行加热时，随着钢板温度的增高，其强度和刚度随着下降，停止加热，温度下降到常温后，它的强度又恢复到原来的程度。

所以对于低碳钢钢板的修理，加热操作后不会降低钢板原有的强度。用常规的氧乙炔和焊条电弧焊进行焊接，或对低碳钢钢板进行短时间的加热方式的修理都是允许的。

（2）加热对高强度钢性能的影响

对高强度钢进行加热时，随着温度的升高，高强度钢内部的金属晶粒会发生改变，由原来比较小的晶粒互相融合、吸收而变成大晶粒，金属晶粒之间的作用力会随着晶粒的变大而减小，表现出来就是钢板的强度会降低。当加热后的高强度钢恢复到常温时，它内部的晶粒不能够自己恢复到原来小晶粒的状态，所以高强度钢经过过度加热再冷却后，强度会下降。

（3）加热对车辆产生的影响

修理车身时应尽量避免加热（尤其是车架、梁），加热除改变钢板的强度外，还会损坏镀锌层，引起钢板锈蚀，降低钢板的防锈能力。而且加热形成氧化膜后钢板厚度降低，这些又会进一步降低钢板的强度。过度加热不小心时还可能使车辆燃烧起来。

被加热过的高强度钢板表面外观及结构形状没有大的变化，这就容易引起修理人员的误会，认为加热并没有损坏板件，其实板件的内部结构被破坏了，这种变化对车身的危害是巨大的，车身的承重板件由于强度下降，一段时间后会产生变形，相关的机械部件如发动机、悬架、转向系统的安装点会变化，导致振动增加、跑偏、轮胎偏磨等问题。特别是在发生事故时，这些板件无法达到设计中的作用，如吸收碰撞能量，从而发生更大的变形，导致更大的损伤。

（4）钢材颜色与温度的关系

对钢材加热时，其颜色会随着温度上升而发生变化。从表 1-1 可以看出，当钢加热到 600℃时，才可以用肉眼观察到颜色的变化，而这时已经超过绝大多数高强度钢板的耐热温度，超高强度钢允许的加热温度很低，一般不超过 200℃。由于不能用常规方法控制加热的温度范围，所以制造厂一般不允许用产生热量过多的方式修理车辆。

表 1-1 钢材的温度与颜色

温度/℃	600	700	800	900	1000	1100	1200	1300
颜色	暗红	红色	淡红	橘红	黄色	淡黄	白色	亮白

5. 焊缝的符号及表达

焊缝符号是用在焊接结构的图样上，标注焊缝形式、焊缝尺寸、焊接方式等的工程语言，又是进行焊接施工的主要依据。所以，对于焊接技术人员，必须熟悉常用焊缝符号的标注方法及含义。

焊缝符号按 GB/T 324—2008《焊缝符号表示法》规定，完整的焊缝符号包括基本符号、指引线、补充符号、尺寸符号及数据等。为了简化，在图样上标注焊缝时，通常只采用基本符号和指引线，其他内容一般在有关的文件中明确。

在技术图样和文件上需要表示焊缝或接头时，推荐采用焊接符号。必要时，也可采用一般的技术制图方法表示。

（1）基本符号

基本符号表示焊缝横截面的基本形式或特征，见表 1-2。

表 1-2 基本符号

名　称	示　意　图	符　号
卷边焊缝（卷边完全熔化）		八
I形焊缝		‖

名　称	示　意　图	符　号
V 形焊缝		$\vee$
单边 V 形焊缝		
带钝边 V 形焊缝		Y
带钝边单边 V 形焊缝		
带钝边 U 形焊缝		
带钝边 J 形焊缝		
封底焊缝		
角焊缝		
塞焊缝或槽焊缝		
点焊缝		$\bigcirc$

名　称	示意图	符　号
缝焊缝		⊖
陡边 V 形焊缝		⩗
陡边单 V 形焊缝		⩘
端焊缝		⦀
堆焊缝		⌢⌢
平面连接（钎焊）		＝
斜面连接（钎焊）		⫽
折叠连接（钎焊）		𝈢

标注双面焊焊缝或接头时，基本符号可以组合使用，见表 1-3。

表 1-3　基本符号的组合

名　称	示意图	符　号
双面 V 形焊缝（X 焊缝）		✕

名　称	示　意　图	符　号
双面单 V 形焊缝（K 焊缝）		K
带钝边的双面 V 形焊缝		X
带钝边的双面单 V 形焊缝		K
双面 U 形焊缝		X

（2）补充符号

补充符号用来说明有关焊缝或接头的某些特征，诸如表面形状、衬垫、焊缝分布、施焊地点等，见表1-4。

表1-4　补充符号

名　称	符　号	说　明
平面	——	焊缝表面通常经过加工后平整
凹面	⌣	焊缝表面凹陷
凸面	⌢	焊缝表面凸起
圆滑过渡		焊趾外过渡圆滑
永久衬垫	M	衬垫永久保留
临时衬垫	MR	衬垫在焊接完成后拆除
三面焊缝	⊏	三面带有焊缝
周围焊缝	○	沿着焊缝周边施焊的焊缝
现场焊缝	▐	在现场焊接的焊缝
尾部	<	可以表示所需的信息

焊缝补充符号应用示例见表 1-5。

表 1-5　焊缝补充符号应用示例

名　称	示　意　图	符　号
平齐的 V 形焊缝	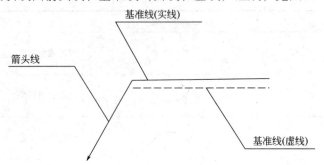	
凸起的双面 V 形焊缝		
凹陷的角焊缝		
平齐的 V 形焊缝和封底焊缝		

（3）基本符号与指引线的位置

① 指引线　指引线由箭头线和基准线（实线和虚线）组成，见图 1-3。

基准线(实线)

箭头线

基准线(虚线)

图 1-3　指引线

② 箭头线　箭头直接指向的接头侧为接头的"箭头侧"，与之相对应则为接头的"非箭头侧"，见图 1-4。

③ 基准线　基准线一般与图样的底边平行，必要时也可与底边垂直。实线和虚线的位置必要时可以互换。

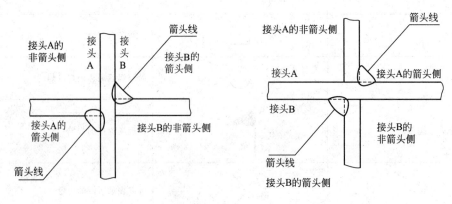

接头A的非箭头侧　接头A　接头B　箭头线　接头B的箭头侧　接头A的箭头侧　接头B的非箭头侧　箭头线

接头A的非箭头侧　箭头线　接头A　接头A的箭头侧　接头B　接头B的非箭头侧　箭头线　接头B的箭头侧

图 1-4　接头的"箭头侧"和"非箭头侧"

④ 基本符号与基准线的相对位置　基本符号在实线侧时，表示焊缝在箭头侧，见图 1-5 (a)；基本符号在虚线侧时，表示焊缝在非箭头侧，见图 1-5(b)；对称焊缝允许省略虚线，见图 1-5(c)；在明确焊缝分布位置时，有些双面焊缝也可省略虚线，见图 1-5(d)。

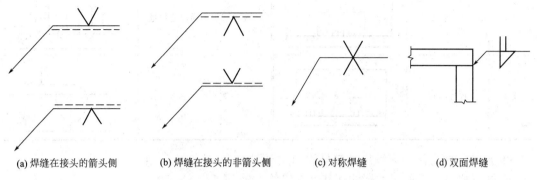

(a) 焊缝在接头的箭头侧　　(b) 焊缝在接头的非箭头侧　　(c) 对称焊缝　　(d) 双面焊缝

图 1-5　基本符号与基准线的相对位置

(4) 尺寸及标注

① 尺寸符号及含义　焊缝尺寸符号是表示坡口和焊缝各特征尺寸的符号。焊缝符号中标注尺寸见表 1-6。

表 1-6　尺寸符号

符　号	名　称	示意图	符　号	名　称	示意图
δ	工件厚度		H	坡口深度	
α	坡口角度		S	熔深	
β	坡口面角度		c	焊缝宽度	
b	根部间隙		K	焊脚尺寸	
p	钝边		d	点焊：熔核直径 塞焊：孔径	
R	根部半径		n	焊缝段数	

符 号	名 称	示意图	符 号	名 称	示意图
l	焊缝长度		N	相同焊缝数量	N=3
e	焊缝间距		h	余高	

② 尺寸标注方法　焊缝尺寸符号的标注原则：

a. 焊缝横截面上的尺寸标注在基本焊缝的左侧。

b. 焊缝长度方向尺寸标注在基本符号的右侧。

c. 坡口角度、坡口面角度、根部间隙等尺寸标注在基本符号的上侧或下侧。

d. 相同焊缝数量符号标注在尾部。

e. 当需要标注的尺寸数据较多而又不易分辨时，可在数据前面增加相应尺寸符号。

焊缝尺寸标注示例见表 1-7。

表 1-7　焊缝尺寸标注示例

名 称	示意图	尺寸符号	标注方法
对接焊缝		S：熔深	S Y
连续角焊缝		K：焊脚尺寸	K
断续角焊缝		l：焊缝长度 e：间距 n：焊缝段数 K：焊脚尺寸	K　$n \times l(e)$
塞焊缝		e：间距 n：焊缝段数 d：孔径	d　$n \times (e)$
点焊缝		n：焊点数量 e：焊点距 d：熔核直径	d　$n \times (e)$

（5）焊接方法代号

在焊接结构的图样上，为了简化焊接方法的标注说明，GB/T 5185—2005 规定，可用阿拉伯数字表示金属焊接及钎焊等各种焊接方法。常用的焊接方法代号见表1-8。

表1-8 常用的焊接方法代号

焊接方法名称	焊接方法代号	焊接方法名称	焊接方法代号
电弧焊	1	点焊	21
焊条电弧焊	111	气焊	3
熔化极气体保护焊	13	氧乙炔焊	311
MIG 焊	131	钎焊	9
MAG 焊	135	硬钎焊	91
电阻焊	2	其他焊接方法	7

（6）焊缝标注实例

在设计焊接结构标注焊缝时，按 GB/T 324—2008 规定，可以表达以下内容：

① 坡口形式尺寸及组装焊接要求。

② 采用的焊接方法。

③ 焊缝的质量要求。

④ 无损探伤要求。

⑤ 其他需要标注的技术要求。

焊缝符号表示方法实例见图1-6。

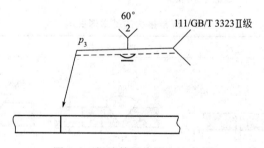

图1-6 焊缝符号表示方法实例

焊缝坡口采用带钝边的 V 形坡口；坡口根部间隙为 2mm，钝边高为 3mm，坡口角度为 60°；采用焊条电弧焊焊接；反面采用封底焊（焊缝背面清根后再封底），要求反面焊缝表面打磨平整；焊缝内部质量要求达到 GB/T 3323—2005，射线Ⅱ级合格。

6.焊缝空间位置

按焊缝的空间位置不同可分为以下几种。

（1）平焊

水平面的焊接；如图 1-7(a) 所示。

（2）立焊

垂直平面，垂直方向上的焊接；如图 1-7(b) 所示。

（3）横焊

垂直平面，水平方向上的焊接；如图 1-7(c) 所示。

（4）仰焊

倒悬平面，水平方向上的焊接。如图 1-7(d) 所示。

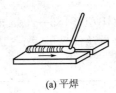 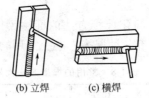 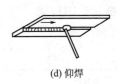

(a) 平焊　　　　(b) 立焊　　(c) 横焊　　　(d) 仰焊

图 1-7　焊缝空间位置

7. 焊缝的接头与坡口形式

焊接接头的基本形式有对接、搭接、角接和 T 形接四种。

坡口的作用是为使厚度较大的焊件能够焊透，常将金属材料边缘加工成一定形状的坡口，坡口能起到调节母材金属与填充金属比例，即调整焊缝成分的作用。

对接接头是应用最多的接头形式。当被焊工件较薄（板厚小于 6mm）时，在焊接接头处只要留有一定间隙就能保证焊透。当焊件厚度大于 6mm 时，为了保证能焊透，按板厚的不同，需要在接头处加工一定形状的坡口。对接接头常见的坡口形式有以下几种。

① I 形坡口（或称平接）：用于焊接板厚为 1～6mm 的焊接，为了保证焊透件，接头处要留有 0～2.5mm 的间隙。

② V 形坡口：用于板厚为 6～30mm 焊件的焊接，该坡口加工方便。

③ X 形坡口：用于板厚 12～40mm 焊件的焊接，由于焊缝两面对称，焊接应力和变形小。

④ U 形坡口：用于板厚 20～50mm 焊件的焊接，容易焊透，工件变形小。

焊接接头的基本形式与尺寸见表 1-9。

表 1-9　焊接接头的基本形式与尺寸

接头形式	坡口形式与尺寸
对接接头	不开坡口　　V形坡口　　X形坡口 U形坡口　　双U形坡口
T 形接头	不开坡口　　单边V形坡口　　K形坡口　　单边双U形坡口

接头形式	坡口形式与尺寸
角接接头	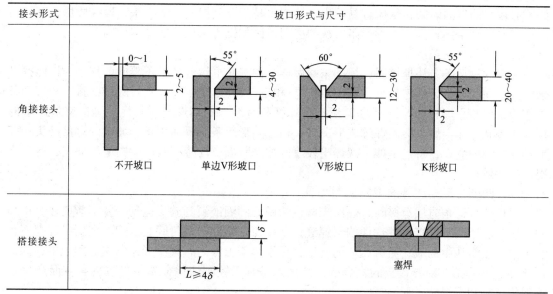 不开坡口　　　单边V形坡口　　　V形坡口　　　K形坡口
搭接接头	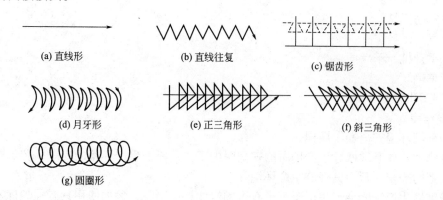 　　　　　　　　　　　塞焊

8. 运条方法

（1）直线形运条法［图1-8(a)］

采用这种运条方法焊接时，焊条不做横向摆动，沿焊接方向做直线移动。常用于I形坡口的对接平焊，多层焊的第一层焊或多层多道焊。

（2）直线往复运条法［图1-8(b)］

采用这种运条方法焊接时，焊条末端沿焊缝的纵向做来回摆动。它的特点是焊接速度快，焊缝窄，散热快。适用于薄板和接头间隙较大的多层焊的第一层焊。

（3）锯齿形运条法［图1-8(c)］

采用这种运条方法焊接时，焊条末端做锯齿形连续摆动及向前移动，并在两边稍停片刻，摆动的目的是为了控制熔化金属的流动和得到必要的焊缝宽度，以获得较好的焊缝成形。这种运条方法在生产中应用较广，多用于厚钢板的焊接，平焊、仰焊、立焊的对接接头和立焊的角接接头。

(a) 直线形　　　　　　(b) 直线往复　　　　　　(c) 锯齿形

(d) 月牙形　　　　　　(e) 正三角形　　　　　　(f) 斜三角形

(g) 圆圈形

图1-8　运条方法

（4）月牙形运条法［图1-8(d)］

采用这种运条方法焊接时，焊条的末端沿着焊接方向做月牙形的左右摆动。摆动的速度要根据焊缝的位置、接头形式、焊缝宽度和焊接电流值来决定。同时需在接头两边做片刻的

停留，这是为了使焊缝边缘有足够的熔深，防止咬边。这种运条方法的优点是金属熔化良好，有较长的保温时间，气体容易析出，熔渣也易于浮到焊缝表面上来，焊缝质量较高，但焊出来的焊缝余高较高。这种运条方法的应用范围和锯齿形运条法基本相同。

（5）三角形运条法

采用这种运条方法焊接时，焊条末端做连续的三角形运动，并不断向前移动，按照摆动形式的不同，可分为斜三角形 [图 1-8(f)] 和正三角形 [图 1-8(e)] 两种，斜三角形运条法适用于焊接平焊和仰焊位置的 T 形接头焊缝和有坡口的横焊缝，其优点是能够借焊条的摆动来控制熔化金属，促使焊缝成形良好。正三角形运条法只适用于开坡口的对接接头和 T 形接头焊缝的立焊，特点是能一次焊出较厚的焊缝断面，焊缝不易产生夹渣等缺陷，有利于提高生产效率。

（6）圆圈形运条法 [图 1-8(g)]

采用这种运条方法焊接时，焊条末端连续做正圆圈或斜圆圈形运动，并不断前移，正圆圈形运条法适用于焊接较厚焊件的平焊缝，其优点是熔池存在时间长，熔池金属温度高，有利于溶解在熔池中的氧、氮等气体的析出，便于熔渣上浮。斜圆图形运条法适用于平、仰位置 T 形接头焊缝和对接接头的横焊缝，其优点是利于控制熔化金属不受重力影响而产生下淌现象，有利于焊缝成形。

 任务实施

项目一 安全操作规程与防护

1. 项目描述

焊接操作前需要熟悉焊接环境，学习安全操作规程，规范设备、工具、劳保防护用品的使用，避免不必要的人身伤害和设备损伤。

2. 设备工具及耗材

（1）各类焊机。

（2）电动工具。

（3）气动工具。

（4）举升机、千斤顶。

（5）车辆。

（6）劳保防护用品。

3. 操作步骤

（1）车间环境安全操作规程

车身修理工作必须做好生产场所的安全保护工作，保证生产环境的安全、劳动对象的安全和操作者的安全，营造良好的生产环境。

车身维修生产场所会产生很多有毒有害的气体和灰尘等，例如使用具有强烈挥发成分的涂料、进行焊接操作时产生的有毒有害烟气等，对人体具有极大的损害。因此，操作人员要做好劳动防护工作，尤其是呼吸系统的保护。另外，由于溶剂具有易燃性，同时也要做好防火工作。对于以上的生产操作，最好在通风良好的环境下进行，生产车间要具有良好的通风换气设施，对溶剂的挥发成分还要做好过滤工作，然后才能排放到大气中去。

（2）工具设备的安全使用操作规程

车身修理人员必须具有强烈的安全操作意识，特别是使用工具设备时更应如此。

① 手动工具必须保持干净整洁和状态完好，任何断裂、毛刺和削口等都有可能造成操作者受伤或引起被修车辆及其他工具设备不必要的损伤，油污可能会造成手动工具脱落而引发危险。

② 专用工具除用于专门场合外，不得用于其他任何操作，对于量具等精密器械更应妥善保管。

③ 使用电动工具时要确保接地可靠；检查绝缘状况；在接通电源之前确保开关处于关闭状态，用毕应切断电源；使用手持电动工具时不要站在潮湿的地面上。

④ 进行动力打磨、修整和钻削等工作时，必须佩戴防护目镜，使用高速电钻时不得戴手套，打磨小件时不得用手持握工件。

⑤ 使用液压千斤顶和其他液压工具时，要保证使用的安全性，做好防护工作。在举升器等设备下工作时要确保安全锁的工作正常。

⑥ 使用电气焊或明火操作时要注意防火，设备使用完毕要将设备安放在特定的场地，关闭电源和气源。

⑦ 在车上进行电气等设备操作时要注意电气管路不要被车身上的锐利断口切断，避免造成危险。

⑧ 在进行任何操作时，不要把冲子或其他尖锐的手动工具放到口袋里，可能会刺伤自己或损坏车辆。

⑨ 将所有的零件和工具整齐、正确地存放在指定位置，保证其他工作人员不会被绊倒，同时还能缩短寻找零件或工具的时间。

⑩ 在用动力设备对小零件进行操作时，不要一手持零件，一手持工具操作，否则零件容易滑脱，造成手部严重伤害。在进行研磨、钻孔、打磨时，一定要使用加紧钳或台钳来固定小零件。

⑪ 焊接用的气瓶要固定牢靠，防止倾倒产生危险。使用完毕后应关上气瓶顶部的主气阀，避免气体泄漏流失或爆炸。

⑫ 不要用压缩空气来清洁衣物。压缩空气不能直接对着皮肤吹，即使是在较低的压力下，压缩空气也能使灰尘粒子嵌入皮肤，可能会造成皮肤发炎。

⑬ 焊机的电缆线外皮必须完整、绝缘良好、柔软。焊机电缆线应使用整根电缆线，中间不应有连接接头，当电缆线需要接长时，应使用接头连接器连接，连接处应保持绝缘良好，而且接头不宜超过两个。

⑭ 焊机应按额定负载持续率和额定电流使用，严禁超载运行，避免绝缘烧损。

⑮ 焊机必须装有独立的专用电源开关，其容量应符合要求。禁止多台焊机共用一个电源开关。

（3）车辆在场内的安全操作规程

车辆在进入修理场地后要做好以下防护措施：

① 必须做好驻车制动，关闭发动机，将挡位置于空挡。

② 车辆举升操作时要做好车辆的支撑工作，并保证支撑安全。

③ 将车辆的蓄电池拆下，保证车辆用电设备的安全。点火开关处于关闭状态。

④ 车辆关闭后，待炽热部件（排气管、消音器等）冷却后方可进行有关操作。车辆如有汽油、机油泄漏等，必须采取措施，防止火灾。

⑤ 禁止焊接车辆的油箱，也不要在油箱附近进行高热的操作。

（4）消防安全操作规程

生产车间的消防安全至关重要，除要做好各项防火措施外，常备灭火器是防火的重要措施，当火灾发生时能够进行及时处理。在车间修理操作时，应注意以下消防安全事项：

① 车身修理车间禁止吸烟。车间内大量易燃物可能引发火灾。

② 在车间内不要随身携带火柴或打火机。

③ 易燃材料应远离热源。不要在调漆间附近使用割炬或焊接设备。车身隔音材料易燃，在对车身板件进行焊接或用割炬、等离子弧切割时必须先将隔音材料拆下。

④ 进行焊接或切割时，高热量的火星能够运动很长一段距离。不要在油漆、稀释剂或其他可燃液体或材料周围进行焊接或切割；不要在蓄电池周围进行焊接或研磨。

⑤ 燃油箱应当排空后拆下。当在燃油箱加油管周围进行作业时，还应将其拧紧并盖上湿抹布。

⑥ 在车辆内饰旁边进行焊接或切割时，应拆下座位或地板垫，或用一块浸水的布或焊接毯盖上，最好在旁边备一桶水或一个灭火器。

⑦ 在车间一般都要配备水龙头、灭火器、防火沙等灭火材料。

⑧ 多用途的干粉灭火器可扑灭易燃物、易燃液体和电气火灾。必须在紧急情况发生之前掌握灭火器的使用方法。

⑨ 在发生火灾时，不要打开门窗，防止空气流动火势加大。

⑩ 灭火器应该定期检查、定期重新加注灭火剂。灭火器要摆放在车间的固定位置，并要有明显的标志。

（5）电器安全操作规程

车身修理人员在使用电器工具时应遵循如下安全操作规范：

① 修理电动设备和电动工具前应先断开电源，否则会有电击危险，严重的可能造成死亡。

② 保持地面无水，水能导电，如果带电导线落入站有人的水坑中会带来电击的危险。在使用电动工具时必须保持地面干燥。

③ 应确保电动工具和设备的电源线正确接地。如果电源线中的接地插头断裂，则应更换插头后再使用工具。定期检查电线的绝缘层有无裂纹或裸露出导线，及时更换有破损的电线。

（6）呼吸系统和肺部的防护

在对镀锌钢板进行焊接时产生的焊接烟尘、进行打磨抛光时产生的微尘以及清洗部件时挥发的溶剂和喷射防腐剂时挥发的液滴，都会被吸入呼吸系统，对人体产生暂时的甚至永久的伤害。在进行这些操作时都应该佩戴呼吸器。

① 滤筒式呼吸器　滤筒式呼吸器通常有一个橡胶面罩，能够贴合脸部轮廓，保证气密性。有可换的预滤器和滤筒，能够清除空气中的溶剂和其他蒸气。有进气阀和出气阀，保证所有吸入的空气都通过过滤器（图1-9）。

② 焊接用呼吸器　焊接用呼吸器上有一个特殊的滤筒（图1-10），来吸收焊接灰尘。在对镀锌板材进行焊接时，产生的焊接烟尘和锌蒸气会对人体产生非常大的伤害。

③ 防尘呼吸器　防尘呼吸器一般是用多层滤纸制作的廉价纸质过滤器，它能够阻挡空气中的微粒、粉尘进入人的鼻腔、咽喉、呼吸道和肺部。在进行打磨、研磨或用吹风机吹净板件操作时会产生大量的粉尘，应佩戴防尘呼吸器（图1-11）。

呼吸器的密封非常重要，它能防止污染的空气通过滤清器进入肺部。因此，在使用呼吸器前要检查有无空气泄漏。当使用呼吸器时呼吸困难或到达更换周期时应更换滤清器。定期

图 1-9　滤筒式呼吸器　　　图 1-10　焊接用呼吸器　　　图 1-11　防尘呼吸器

检查面罩，确保没有裂纹或变形。呼吸器应保存在气密容器内或塑料自封袋中，保持清洁。

（7）头部的防护

在进行修理操作时要戴上安全帽，防止灰尘或油污的污染，保持头发的清洁。在车下作业时要戴硬质安全帽，防止碰伤头部。头发不要过长，工作时要把头发放入安全帽内。

（8）眼睛和面部的防护

在进行钻孔、磨削和切削等操作时，应佩戴防护眼镜（图 1-12）。在进行可能会造成严重面部伤害的操作时，仅戴防护眼镜无法提供足够的保护，应佩戴全尺寸防护面罩（图 1-13）。

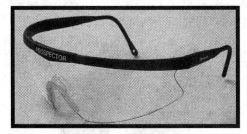  

图 1-12　护目镜　　　　　图 1-13　防护面罩　　　　　图 1-14　焊接头盔

在进行保护焊、等离子切割等操作时，应佩戴有深色镜片的头盔（图 1-14）或护目镜。头盔能保护面部免受高温、紫外线或熔化金属的灼伤，变色镜片保护眼睛免受过亮光线或电弧紫外线的伤害。

（9）耳的防护

在高分贝环境中工作时，应佩戴耳塞（图 1-15）或耳罩（图 1-16）等耳朵保护装置。在进行焊接时，耳塞或耳罩还可以避免熔化金属进入内耳。

图 1-15　耳塞　　　　　　　　　　　　图 1-16　耳罩

（10）身体的防护

应穿着合体的工作服，不能穿着宽松的衣服。衣物应远离发动机等运动部件，宽松、下垂的衣物可能被绞入运动部件，造成严重的身体伤害。在工作前应摘除佩戴的饰物。

在焊接时，裤长要能盖住鞋头，防止炽热的火花或熔化的金属进入鞋子。下身通常可穿上皮质的裤子、绑腿、护脚（图1-22）来防止熔化的金属烧穿衣物，上身的保护包括焊工夹克或皮围裙（图1-17）。

如果化学物品（除油溶剂、油漆清除剂等）溅到衣物上，应立即脱掉衣物。这些化学物品一旦接触皮肤，可能会造成疼痛、发炎或者严重的化学烧伤。

（11）手的防护

在焊接时应戴上皮质的手套（图1-18），防止被熔化的金属烧伤。

图 1-17　焊接护裙

图 1-18　焊接手套

为防止溶液对手的伤害，应戴上手套，在除油作业中可使用不透水手套，如耐油手套（图1-19）。手套的选择可参考手套材料安全数据表，防溶剂手套（图1-20）应在操作腐蚀性较强的溶剂时使用。在离开工作场地时要彻底洗手，以防止吸收任何有害成分。

图 1-19　耐油手套

图 1-20　防溶剂手套

洗手时建议使用适当的清洁剂。每天工作结束时要使用一种不含硅的护肤膏滋润皮肤，千万不要把稀释剂（如天那水）当清洁剂来用。

（12）腿与脚的防护

在车间工作时，最好穿鞋头有金属片、防滑的安全鞋（图1-21）。钢片可以保护脚趾不会被重物砸伤，优质的工作鞋穿着舒适并能够在站立和行走中支撑足弓。

图 1-21　安全鞋

图 1-22　腿的防护

在焊接时，最好穿绝缘鞋，防止触电事故的发生。在腿部和脚部最好有焊接护腿和护腿保护（图1-22）。

在焊接时有可能会跪在地上操作，时间长了会引起膝盖损伤，最好佩戴护膝（图1-22）。

项目二　焊接前的准备

1. 项目描述

焊接前需要熟悉焊接设备，知道如何选用和使用，学习焊接中处理焊接应力和变形的措施，以及维修焊接车辆时的注意事项，避免安全事故，达到焊接质量要求。

2. 设备工具及耗材

（1）各类焊机。

（2）车辆。

（3）试焊板。

3. 操作步骤

（1）焊接设备的选用

焊接设备选用时所考虑的因素是多方面的，焊接的类型、生产条件千差万别，焊接设备的选用程序也会有所不同，总的来说，可按下列程序进行。

① 按焊接工程技术方案中规定的焊接方法和焊接工艺，选定焊接设备的种类。

② 按被焊材料的种类、规格和焊件的外形，选定焊机的品种和额定功率。

③ 按生产现场的施工条件、供电状况，选定焊接设备的型号和负载持续率。

④ 按照对焊件的质量要求，以及生产计划所规定的生产效率，确定对所选焊接设备的技术特征参数。

（2）焊料的选用

焊料的选用要根据被焊钢材种类、焊接部件的质量要求、焊接施工条件（板厚、坡口形状、焊接位置、焊接操作等）、成本等综合考虑。

① 根据被焊结构的钢种选择。对于碳钢及低合金高强度钢，主要是按"等强匹配"的原则，选择满足力学性能要求的焊丝或焊条。对于耐热钢和耐候钢，主要是侧重考虑焊缝金属与母材化学成分的一致或相似，以满足对耐热性和耐腐蚀性等方面的要求。

② 根据焊接部件的质量要求（特别是冲击韧性）选择。与焊接条件、坡口形状、保护气体混合比等工艺条件有关，要在确保焊接接头性能的前提下，选择达到最大焊接效率及降低焊接成本的焊接材料。

③ 根据现场焊接位置选择。对应于被焊工件的板厚选择所使用的焊丝或焊条直径，确定所使用的电流值，参考生产厂的产品介绍资料及使用经验，选择合适于焊接位置及使用电流的焊料牌号。

（3）焊接工艺参数的选择与调整

根据板厚、焊接位置、焊接设备等选择焊接电流、焊接角度、焊接速度、焊条直径、电弧电压等焊接工艺参数，并用与焊件材料相同的板件进行试焊，依据试焊结果调整焊接工艺参数，直至预期的焊接效果，确定焊接工艺参数。

（4）车辆准备

① 拆除焊接区域隔音材料、内饰件、玻璃件。隔音材料安装在钢板背面，不易观察，

汽车车身维修焊接实务

稍不注意，在焊接过程中产生的热量就会引燃隔音材料；焊接时，焊接热量会引燃焊接区域内饰件，以及损伤玻璃件。

② 在油管附近焊接时，应放掉油管中的油，以免焊接热量引燃油管；在油箱附近区域焊接时应特别注意，必须放净燃油，并在油箱上覆盖湿抹布，严格控制油箱温度，以防油箱发生爆炸。

③ 确认点火开关关闭。焊接过程中，有电流通过车身钢板，为避免电流损伤车辆电气元件，应将点火开关关闭。

④ 车辆遮盖。对焊接位置附近区域进行遮盖，避免焊接飞溅损伤非焊接位置车身漆面和玻璃。

（5）焊接区域清洁

①清除焊接区域金属毛刺。

②清除焊接区域漆膜、铁锈。

③焊接区域除油除脂处理。

（6）焊接应力与变形的预防

焊接时，一般采用集中热源在局部加热，因此造成焊件上温度分布不均匀，最终除了导致焊件在一定的范围内产生焊接残余应力和变形外，还会严重影响焊件的强度、刚度、受压时的稳定性等。

焊接应力是焊接过程中及焊接过程结束后，存在于焊件中的内应力。焊接变形是由焊接而引起焊件尺寸的改变。

① 焊接应力与变形产生的原因

a. 焊接不均匀受热或冷却。焊接过程对被焊工件来说，是局部的不均匀加热过程和不均匀冷却过程。这种不均匀冷热过程，会使工件中产生热应力。

b. 焊缝金属的收缩。当焊缝金属冷却，由液态转为固态时，其体积要收缩。由于焊缝金属与母材是紧密联系，因此，焊缝并不能自由收缩。这将引起整个焊件变形，同时在焊缝中引起应力。

c. 金属组织的变化。焊件在加热及冷却过程中发生相变，可得到不同的组织，这些组织的比容各不相同，由此也会产生焊接应力与变形。

d. 焊件的刚性和拘束。由于构件本身或外加的刚性拘束作用，使焊接时热膨胀不畅，引起构件产生拘束应力。

在以上几种原因中，最根本的原因是焊件不均匀受热和冷却。

② 焊接变形的种类

按焊接变形的特征，可分为收缩变形、角变形、弯曲变形、波浪变形和扭曲变形，这五种基本变形形式如图 1-23 所示。

a. 收缩变形。焊件在焊后所发生的尺寸缩短的现象。

b. 角变形。焊后由于焊缝的横向收缩使得两连接件间的相对角度发生变化的变形。

c. 弯曲变形。由于焊缝的中心线与结构截面的中性轴不重合或不对称，焊缝的收缩沿构件宽度方向分布不均匀而引起。

d. 波浪变形。常发生在板厚小于 6mm 的薄板焊接中，大面积平板拼接，极易产生波浪变形。

e. 扭曲变形。框架、梁柱等刚性较大的焊件上，往往发生扭曲变形。

③ 预防焊接变形的措施

a. 预留收缩变形量。根据理论计算和实践经验，在焊件备料及加工时预先考虑收缩余

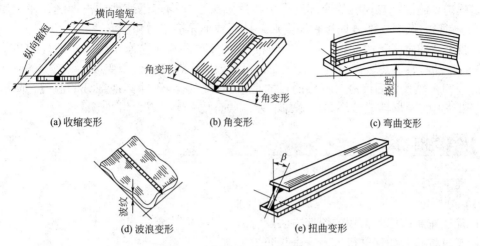

图 1-23　焊接变形的基本形式

(a) 收缩变形　(b) 角变形　(c) 弯曲变形　(d) 波浪变形　(e) 扭曲变形

量，以便焊后工件达到所要求的形状、尺寸。

b. 反变形法。根据理论计算和实践经验，预先估计结构焊接变形的方向和大小，然后在焊接装配时给予一个方向相反、大小相等的预置变形，以抵消焊后产生的变形，见图1-24。

c. 刚性固定法。焊接时将焊件加以刚性固定，焊后待焊件冷却到室温后再去掉刚性固定，可有效防止角变形和波浪变形。此方法会增大焊接应力，只适用于塑性较好的低碳钢结构。

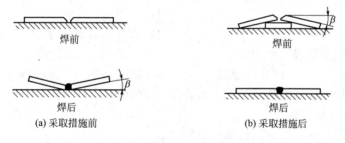

图 1-24　反变形法

d. 选择合理的焊接顺序。尽量使焊缝自由收缩。焊接焊缝较多的结构件时，应先焊错开的短焊缝，再焊直通长焊缝，以防在焊缝交接处产生裂纹。如果焊缝较长，可采用逐步退焊法和跳焊法，使温度分布较均匀，从而减少了焊接应力和变形，见图1-25。

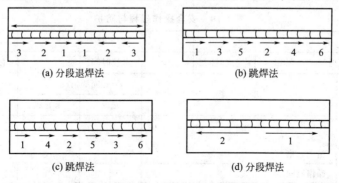

图 1-25　长焊缝的几种焊接顺序

e. 锤击焊缝法。在焊缝的冷却过程中，用圆头小锤均匀迅速地锤击焊缝，使金属产生塑性延伸变形，抵消一部分焊接收缩变形，从而减小焊接应力和变形。

f. 加热"减应区"法。焊接前，在焊接部位附近区域（称为减应区）进行加热使之伸长，焊后冷却时，加热区与焊缝一起收缩，可有效减小焊接应力和变形。

g. 焊前预热和焊后缓冷。预热的目的是减少焊缝区与焊件其他部分的温差，降低焊缝区的冷却速度，使焊件能较均匀地冷却下来，从而减少焊接应力与变形。

 学习评价

1. 理论考核

（1）分析题

① 简述车身维修时常用的焊接方法及特点。

② 车身焊接时如何进行人身安全与防护？

③ 如何处理焊接应力与变形？

（2）判断题

① 氧乙炔焊接常用于车身焊接作业中。　　　　　　　　　　　　　　　　（　　）

② 焊缝的空间位置有平焊、立焊、横焊、仰焊。　　　　　　　　　　　　（　　）

③ 当焊件厚度大于 6mm 时，为了保证能焊透，需要在接头处开出一定形状的坡口。

　　　　　　　　　　　　　　　　　　　　　　　　　　　　　　　　　（　　）

（3）选择题

① 关于电阻点焊下列描述正确的是（　　　　）

A. 热量大　　　　　　　　　　　　　B. 效率低

C. 焊接过程中需施加压力　　　　　　D. 对操作者要求高

② 下列护具属于眼睛防护的是（　　　　）

A. 耳塞　　　　　　　B. 焊接面罩　　　　　　C. 防尘口罩　　　　　　D. 以上都不对

③ 关于车辆焊接前的准备工作，下列描述不正确的是（　　　　）

A. 确认点火开关关闭

B. 在油管附近焊接时，应放掉油管中的油

C. 只对焊接位置进行遮盖

D. 以上都不对

2. 技能考核

项目一　安全操作规程与防护见表 1-10。

表 1-10　安全操作规程与防护

基本信息	姓　　名		学　　号		班　　级		组　　别	
	规定时间		完成时间		考核时间		总评成绩	

任 务 操 作	序号	步　　骤	完成情况		标准分	评分
			完成	未完成		
	1	考核准备 设备与工具 相关表格			10	
	2	操作流程			5	
	3	操作规范			5	

基本信息	姓　名		学　号		班　级		组　别	
	规定时间		完成时间		考核时间		总评成绩	

	序号	步　骤	完成情况		标准分	评分
			完成	未完成		
任 务 操 作	4	操作技巧			5	
	5	车间环境安全			5	
	6	工具设备使用安全			5	
	7	车辆安全			5	
	8	消防安全			5	
	9	个人防护			10	
	10	综合素质			5	
沟通能力					10	
掌控能力					10	
技术能力					10	
熟练程度					10	

项目二　焊接前的准备见表 1-11。

表 1-11　焊接前的准备

基本信息	姓　名		学　号		班　级		组　别	
	规定时间		完成时间		考核时间		总评成绩	

	序号	步　骤	完成情况		标准分	评分
			完成	未完成		
任 务 操 作	1	考核准备 设备与工具 相关表格			10	
	2	操作流程			5	
	3	操作规范			5	
	4	操作技巧			5	
	5	焊接设备选用			5	
	6	焊料选用			5	
	7	焊接工艺参数			5	
	8	车辆准备			5	
	9	焊接应力与变形			10	
	10	综合素质			5	
沟通能力					10	
掌控能力					10	
技术能力					10	
熟练程度					10	

学习任务二
焊条电弧焊焊接

工作情境描述

当客户车辆的纵梁因撞击受损而造成断裂性损伤，作为车辆维修人员请根据纵梁的材质，选取与之相匹配的焊条，依据焊条电弧焊的焊接工艺，进行焊接修复。

学习目标

1. 了解焊条电弧焊机的性能及工作原理；
2. 熟悉焊条电弧焊的焊接工艺及操作规程；
3. 根据焊条电弧焊工艺独立完成前纵梁的焊接作业。

 知识准备

1. 焊条电弧焊接的基本原理

焊条电弧焊是利用焊条与工件间产生的电弧热将焊条和工件加热熔化而进行的焊接（图2-1）。焊接前，将被焊工件和焊钳分别与电焊机的两极连接并用焊钳夹持焊条。焊接时使焊条与工件瞬时接触，形成短路，随即将它们分开一定距离（约 2～4mm），就引燃了电弧。电弧下的工件立即熔化构成一个半卵形熔池。焊条药皮熔化后，一部分变成气体包围住电弧使它与空气隔绝，从而使液态金属免于氧、氮的侵害；一部分变成溶渣，或单独喷向熔池，或与焊芯熔化生成的液态金属熔滴一起喷向溶池。在电弧及熔池中，液态金属、熔渣和电弧气体互相间会发生某种物理化学变化，如气体向液态金属内溶解，进行氧化还原反应等。熔池内的气体和渣由于密度小而上浮。当电弧移去后，温度降低，金属和渣会先后凝固。这样两件金属经熔化结晶的焊缝金属而连接起来。渣由于收缩量与金属不同，会在渣壳和金属界上产生滑移，渣壳或自动脱落，或敲击后脱落，即可露出带鱼鳞纹状的金属焊缝。

2. 焊条电弧焊的特点

焊条电弧焊是手工操作焊条进行焊接的电弧焊，也叫手工电弧焊。

由于其具有设备简单，操作灵活方便，可以进行各种位置及各种不规则焊缝的焊接；并且具有焊条系列完整，适用于碳钢、低合金钢、不锈钢、铜及铜合金等金属材料的焊接等优

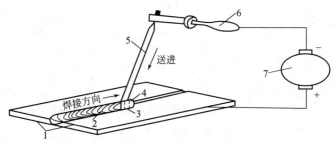

图 2-1　焊条电弧焊基本原理

1—工件；2—焊缝；3—熔池；4—电弧；5—焊条；6—焊钳；7—电焊机

点，故焊条电弧焊仍在各个行业广泛应用。

焊条电弧焊的不足：生产率较低，焊接质量很大程度上取决于焊工的操作技能；焊工需要在高温、尘雾环境下工作，劳动条件差，强度大；焊条电弧焊不适合焊接一些活泼金属、难熔金属及低熔点金属。

3. 焊接电弧

(1) 电弧的引燃

常态下的气体由中性分子或原子组成，不含带电粒子。要使气体导电，首先要有一个使其产生带电粒子的过程。产生带电粒子的过程一般采用接触引弧。先将电极（钨棒或焊条）和焊件接触形成短路 [图 2-2(a)]，此时在某些接触点上产生很大的短路电流，温度迅速升高，为电子的逸出和气体电离提供能量条件，而后将电极提起一定距离 [<5mm，图 2-2(b)]。在电场力的作用下，被加热的阴极有电子高速逸出，撞击空气中的中性分子和原子，使空气电离成阳离子、阴离子和自由电子。这些带电粒子在外电场作用下定向运动，阳离子奔向阴极，阴离子和自由电子奔向阳极。在它们的运动过程中，不断碰撞和复合，产生大量的光和热，形成电弧 [图 2-2(c)]。电弧的热量与焊接电流和电压的乘积成正比，电流愈大，电弧产生的总热量就愈大。

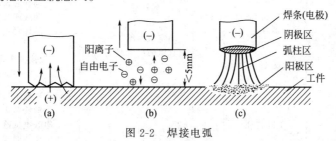

图 2-2　焊接电弧

(2) 电弧的组成

焊接电弧由阴极区、阳极区和弧柱区 3 部分组成 [图 2-2(c)]。

阴极区因发射大量电子而消耗一定能量，产生的热量较少，约占电弧热的 36%，阳极表面受高速电子的撞击，传入较多的能量，因此阳极区产生的热量较多，占电弧热的 43%。其余 21% 左右的热量在弧柱区产生。

4. 焊条电弧焊机

焊条电弧焊的主要设备是弧焊机，简称为电焊机。电焊机是焊接电弧的电源。电焊机按所提供的焊接电流种类不同可分为交流电焊机和直流电焊机两类。

交流电焊机有弧焊变压器；直流电焊机有弧焊整流器、弧焊发电机和弧焊逆变器。

我国电焊机的型号采用汉语拼音字母和阿拉伯数字来表示，其型号的编制次序及含义如下（□代表字母代号；×表示数字）：

汽车车身维修焊接实务

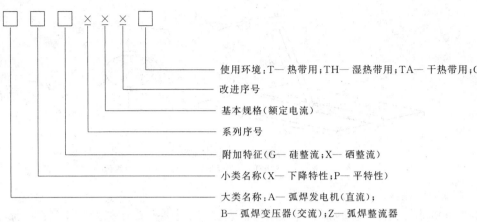

使用环境：T—热带用；TH—湿热带用；TA—干热带用；G—高原用

改进序号

基本规格(额定电流)

系列序号

附加特征(G—硅整流；X—硒整流)

小类名称(X—下降特性；P—平特性)

大类名称：A—弧焊发电机(直流)；
B—弧焊变压器(交流)；Z—弧焊整流器

部分焊机型号与代表符号见表 2-1。焊机附加特征名称及代表符号见表 2-2。焊机使用环境名称及代表符号见表 2-3。

表 2-1　部分焊机型号与代表符号

第一字位		第二字位		第三字位		第四字位		第五字位	
代表字母	大类名称	代表字母	小类名称	代表字母	附加特征	数字序号	系列序号	单位	基本规格
A	弧焊发电机	X P	下降特征 平特征 多特征	省略 D Q C T H	电动机驱动 单纯弧焊发电机 汽油机驱动 柴油机驱动 拖拉机驱动 汽车驱动	省略 1 2	直流 交流发电机整流 交流	A	额定焊接电流
Z	弧焊整流器	X P D	下降特征 平特征 多特征	省略 M L E	一般电源 脉冲电源 高空载电压 交直流两用电源	省略 1 3 4 5 6 7	磁放大器或饱和电抗式 动铁芯式 动线圈式 晶体管式 晶闸管式 交换抽头式 变频式	A	额定焊接电流
B	弧焊变压器	X P	下降特征 平特征	L	高空载电压	省略 1 2 3 5 6	磁放大器或饱和电抗式 动铁芯式 串联电抗器式 动线圈式 晶闸式 交换抽头式	A	额定焊接电流

表 2-2　焊机附加特征名称及代表符号

大类名称	附加特征名称	简称	代表符号
弧焊发电机	同轴电动发电机组 单一发电机 汽油机拖动 柴油机拖动	 单 汽 柴	 D Q C
弧焊整流器	硒整流器 硅整流器 锗整流器	硒 硅 锗	X G Z
弧焊变压器	铝绕组	铝	L

表 2-3　焊机使用环境名称及代表符号

使用环境名称	简称	代表符号
热带用	热	T
湿热带用	湿热	TH
干热带用	干热	TA
高原用	高原	G
水下用	水下	S

（1）交流电焊机

交流电焊机又称弧焊变压器，由降压变压器、阻抗调节器、手柄和焊接电弧等组成。

① 性能特点

为了使焊接顺利进行，这种变压器电源能按焊接过程的需要而具有如下特点：

a. 具有陡降的特性。一般的用电设备都要求电源的电压不随负载的变化而变化，其电压是恒定的，如为 380V（单相）或 220V。虽然接入焊接变压器的电压是一定的，如为 380V 或 220V，但通过这种变压器后所输出的电压 V 可随输出电流 I（负载）的变化而变化，且电压随负载增大而迅速降低，此称为陡降特性或称下降特性，如图 2-3 所示。这就适应了焊接所需各种的电压要求：

初级电压：即接入电焊机的外电压。由于弧焊变压器初级线圈两端要求的电压为单相 380V，因此一般交流电焊机接入电网的电压单相为 380V。

零电压：为了保证焊接过程频繁短路（焊条与焊件接触）时，要求电压能自动降至趋近于零，以限制短路电流不致无限增大而烧毁电源。

空载电压：为了满足引弧与安全的需要，空载（焊接）时，要求空载电压约为 60～80V，这既能顺利起弧，又对人身比较安全。

工作电压：焊接起弧以后，要求电压能自动下降到电弧正常工作所需的电压，即为工作电压，约为 20～40V，此电压也为安全电压。

电弧电压：电弧两端的电压，此电压是在工作电压的范围内。焊接时，电弧的长短会发生变化：电弧长度长，电弧电压应高些；电弧长度短，则电弧电压应低些。因此，弧焊变压器应适应电弧长度的变化而保证电弧的稳定。

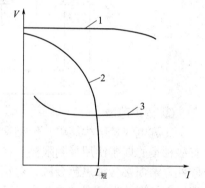

图 2-3　焊接电源特性
1—普通电源的特性曲线；
2—焊接电源的特性曲线；
3—焊接电弧的静特性曲线

b. 具有焊接电流的可调节性。

为了适应不同材料和板厚的焊接要求，焊接电流能从几十安培调到几百安培，并可根据工件的厚度和所用焊条直径的大小任意调节所需的电流值。电流的调节一般分为两级：一级是粗调，常用改变输出线头的接法（Ⅰ位置连接或Ⅱ位置连接），从而改变内部线圈的圈数来实现电流大范围的调节，粗调时应在切断电源的情况下进行，以防止触电伤害；另一级是细调，常用改变电焊机内"可动铁芯"（动铁芯式）或"可动线圈"（动圈式）的位置来达到所需电流值，细调节的操作是通过旋转手柄来实现的，当手柄逆时针旋转时电流值增大，手柄顺时针旋转时电流减小，细调节应在空载状态下进行。各种型号的电焊机粗调与细调的范围，可查阅标牌上的说明。图 2-4 为 BX3-300 型交流弧焊机，图 2-5 为 BX3-300 型交流弧焊

机结构示意图。

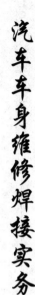
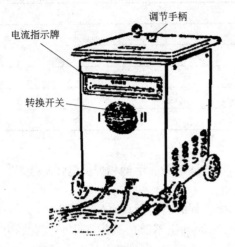

图 2-4 BX3-300 型交流弧焊机

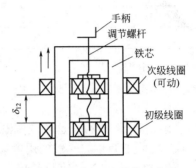

图 2-5 BX3-300 型结构示意图

常用的交流电焊机型号有：BX3-300、BX1-330、BX1-400、BX3-500 等。型号 BX3-300 的含义如下：

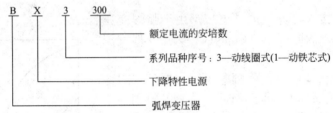

② 适用范围

交流电焊机结构简单，价格便宜，噪声小，使用可靠，维修方便，但电弧稳定性较差，有些种类的焊条使用受到限制。在我国交流电焊机使用非常广泛。交流电焊机主要适于使用酸性焊条焊接各种黑色金属；对短小焊缝、不规则焊缝比较适宜；另外还可作为铝合金交流钨极氩弧焊、埋弧自动焊及半自动焊的焊接电源。

(2) 直流电焊机

直流电焊机又称弧焊整流器或整流焊机。

① 性能特点

直流电焊机是由交流变压器、整流器、磁饱和电抗器、输出电抗器以及控制系统等组成。其中整流器是由大功率硅整流元件构成，它将电流由交流变为直流，供焊接使用。磁饱和电抗器相当于一个很大的电感，使电源获得下降特性。焊接电流的调节是通过电流控制器来改变磁饱和电抗器控制绕组中直流电的大小。直流电焊机的输入端电压一般为单相220V、380V 或三相380V；空载电压一般为 60～90V；工作电压一般为 25～40V。

a. 弧焊整流器

弧焊整流器是一种用硅二极管作为整流装置，把交流电经过变压、整流后，供给电弧负载的直流电源。电弧稳定、耗电少、噪声小、制造简单、维护方便、防潮、抗震、耐候性强。

b. 直流弧焊发电机

是一种电动机和特种直流发电机的组合体，因焊接过程噪声大，耗能大，焊机质量大，1992 年被国家相关部委宣布为淘汰产品，1993 年停止生产。对于原有产品仍可继续使用；

另一种是柴油（汽油）机和特种直流发电机的组合体，可用于缺乏电源的野外作业。

c. 弧焊逆变器

弧焊逆变器是一种新型、高效、节能直流焊接电源，该焊机具有极高的综合指标，其优点是焊机主变压器小，焊机轻便灵活，适应性好，特别适宜移动焊接；耗电少，电弧稳定，指向性好。

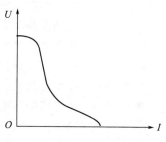

图 2-6　弧焊逆变器的外特性曲线

弧焊逆变器输出外特性曲线具有外拖的陡降恒流特性，如图 2-6。

焊接过程中，由于某种原因焊接电弧突然缩短，电弧电压降至某一数值，外特性曲线出现外拖，此时，输出电流值加大，加速熔滴向熔池过渡，焊接电弧仍能稳定燃烧，不会发生焊条与焊件粘着现象。

常用的直流电焊机型号有 ZXG-300、ZXG-500 等，其含义举例如下：

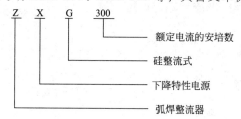

② 电极接法

在直流电焊机中，电弧有固定的极性，而且两极的热量高低是不相同的：阳极产生的电弧热量较多约占 42％；阴极为 38％；弧柱为 20％。因此，在使用直流电焊机时，有两种接法，如图 2-7 所示。

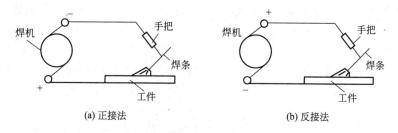

图 2-7　直流用弧焊的正接与反接

a. 正接法。当焊件是厚板时，由于局部加热熔化所需的热量比较多，焊件应接电焊机的正极（阳极）；而电焊条接电焊机的负极（阴极）。这种接法称为正接法。正接时，电弧热量主要集中在焊件（阳极）上，有利于加快焊件熔化，保证足够的熔深，适用于焊接较厚的工件。

b. 反接法。当焊件不需要强烈加热时，例如堆焊或对铸铁、高碳钢、铝及铝合金等进行焊接，焊件应接负极（阴极），而电焊条接正极（阳极），这种接法称为反接法。但在使用碱性焊条时，均采用直流反接法。反接时，焊条接阳极，适用于焊接有色金属及薄钢板，以避免烧穿焊件。

③ 适用范围

直流电焊机是一种优良的电弧焊电源，由于电流方向不随时间的变化而变化，因此电弧燃烧稳定，焊缝成形好，运行使用可靠，有利于提高焊接质量。另外，还有维修方便，噪声

较小等优点，是我国焊机发展的方向。直流电焊机适用于各种低碳钢、低合金钢及不同类型结构钢的焊接。常用直流电焊机对一些易损机件、板件、管路等进行修补和堆焊。

（3）焊机铭牌主要技术参数

每台焊机出厂时，在焊机的明显位置上钉有焊机的铭牌，铭牌的内容主要有焊机的名称、型号、主要技术参数、焊机制造厂、生产日期、焊机出厂编号等。其中，主要技术参数是焊接生产中选用焊机的主要依据。主要技术参数有以下几种。

① 额定焊接电流

额定焊接电流是焊条电弧焊电源，在额定负载持续率条件下允许使用的最大焊接电流。负载持续率越大，表明在规定的工作周期内，焊接工作时间延长了，焊机的温度就要升高。为了不使焊机绝缘破坏，就要减小焊接电流。负载持续率越小，表明在规定的工作周期内，焊接工作时间减少了，此时，可以短时提高焊接电流。当实际负载持续率与额定负载持续率不同时，焊条电弧焊的许用焊接电流就会变化，可按下式计算：

$$许用焊接电流＝额定焊接电流 \times \sqrt{\frac{额定负载持续率}{实际负载持续率}}$$

② 负载持续率

负载持续率是指焊机电源负载的时间占选定工作时间周期的百分率。可按下式计算：

$$负载持续率＝\frac{在选定工作时间周期中焊机电源有负载的时间}{选定工作时间周期}$$

用负载持续率表示焊接电源的工作状态，因为焊机电源的温升既与焊接电流的大小有关，也和焊机电源的工作状态有关，连续焊接和断续焊接时，焊机电源的温升是不一样的。我国标准规定，对于容量500A以下的焊条电弧焊电源，它的工作周期为5min，即5min内有2min用于换焊条、清渣，而焊机的负载时间是3min，则该焊机的负载持续率为60％。

对于一台焊机，随着实际焊接时间的增长，间歇的时间减少，负载持续率就会增高，焊机电源就容易发热升温，甚至烧损。所以，在开始焊接工作前，要看焊机铭牌，按负载持续率使用焊机。

③ 其他参数

一次电压、一次电流、相数、功率这些参数说明该焊机对电网的要求，焊机在接入电网时，一次电压、一次电流、相数、功率等都必须与焊机电源相符，只有这样才能保证焊机安全正常工作。

5. 电焊钳及焊接电缆

（1）电焊钳

电焊钳是夹持焊条并传导焊接电流的操作器具。对电焊钳的要求是：

① 在任何斜度都能夹紧焊条。

② 具有可靠的绝缘和良好的隔热性能。

③ 电缆的橡胶包皮应伸入到钳柄内部，使导体不外露，起到屏护作用；轻便、易于操作。

④ 电焊钳与电缆线的连接应简便可靠，接触电阻小。不良的接触会损耗电能，还会导致焊机过热将接线板烧毁或使电焊钳过热而无法工作。

电焊钳的规格和主要技术数据见表2-4。

（2）焊接电缆

焊接电缆的作用是传导焊接电流，选用焊接电缆的原则是：

① 焊接电缆内导体用多股细铜丝制成，其截面积应根据焊接电流和导线长度决定。

表 2-4 电焊钳的规格和主要技术数据

规格 /A	额定值			适用焊条直径 /mm	耐电压性能 /(V/min)	能连接的最大 电缆截面/mm²
	负载持续率/%	工作电压/V	工作电流/A			
500	60	40	500	4.0~8.0	1000	95
300	60	32	300	2.5~5.9	1000	50
100	60	26	160	2.0~4.0	1000	35

② 焊接电缆外皮必须完好、柔软、绝缘性好，如发现外皮损坏，必须及时修好或更换。

③ 焊接电缆线的长度一般不宜超过 20~30m，如需加长时，可将焊接电缆线分为两节导线，连接电焊钳的一节用细电缆，减轻焊接人员手臂的负重劳动强度，另一节按长度及使用的焊接电流选择粗一点的电缆，两节用电缆快速接头连接。

④ 不允许用扁铁搭接或其他办法来代替连接焊接的电缆，以免因接触不良而使回路上的压降过大，造成引弧困难和焊接电弧的不稳定。

焊接电缆型号有 YHH 型电焊橡胶套电缆和 YHHR 型电焊橡胶特软电缆两种。各种焊接电缆技术参数见表 2-5。

表 2-5 焊接电缆技术参数

电缆型号	截面面积/mm²	额定电流/A	电缆型号	截面面积/mm²	额定电流/A
YHH 型焊接用 橡胶电缆	16	120	YHHR 型焊接用 橡胶软电缆	6	35
	25	150		10	60
	35	200		16	100
	50	300		25	150
	70	450		35	200
	95	600		50	300
	120	—		70	450
	150	—		95	600

6. 焊条

(1) 焊条的组成

焊条电弧焊所使用的焊接材料，它由金属焊芯和表面药皮涂层组成。

① 焊芯。焊芯的作用：一是作为电极传导电流；二是熔化后作为填充金属与母材形成焊缝。焊芯的化学成分和杂质含量直接影响焊缝质量。焊条直径是由焊芯直径来表示的，一般为 1.6、2.0、2.5、3.2、4.0、5.0、6.0、8.0 (mm) 等规格，长度为 300~450mm。

② 药皮。药皮的作用：一是改善焊接工艺性，如药皮中含有稳弧剂，使电弧易于引燃和保持燃烧稳定；二是对焊接区起保护作用，药皮中含有造渣剂、造气剂等，造渣后熔渣与药皮中有机物燃烧产生的气体对焊缝金属起双重保护作用；三是起有益的冶金化学作用，药皮中含有脱氧剂、合金剂、稀渣剂等，使熔化金属顺利地进行脱氧、脱硫、去氢等冶金化学反应，并补充被烧损的合金元素。

(2) 焊条的种类

焊条按用途不同分为十大类：结构钢焊条，钼和铬钼耐热钢焊条，低温钢焊条，不锈钢焊条，堆焊焊条，铸铁焊条，镍及镍合金焊条，铜及铜合金焊条，铝及铝合金焊条，特殊用途焊条等。其中结构钢焊条分为碳钢焊条和低合金钢焊条两部分。

结构钢焊条按药皮性质不同可分为酸性焊条和碱性焊条两种。酸性焊条的药皮中含有多量酸性氧化物（如 SiO_2、MnO_2 等），碱性焊条药皮中含有多量碱性氧化物（如 CaO 等）和萤石（CaF_2）。由于碱性焊条药皮中不含有机物，药皮产生的保护气体中氢含量极少，所

以又称为低氢焊条。

① 酸性焊条：熔渣中以酸性氧化物为主，氧化性强，合金元素烧损大，故焊缝的塑性和韧度不高，且焊缝中氢含量高，抗裂性差，但酸性焊条具有良好的工艺性，对油、水、锈不敏感，交直流电源均可用，广泛用于一般结构件的焊接。

② 碱性焊条（又称低氢焊条）：药皮中以碱性氧化物以萤石为主，并含较多铁合金，脱氧、除氢、渗金属作用强，与酸性焊条相比，其焊缝金属的含氢量较低，有益元素较多，有害元素较少，因此焊缝力学性能与抗裂性好，但碱性焊条工艺性较差，电弧稳定性差，对油污、水、锈较敏感，抗气孔性能差，一般要求采用直流焊接电源，主要用于焊接重要的钢结构或合金钢结构。

（3）焊条的牌号与型号

焊条型号是国家标准中规定的焊条代号。焊接结构生产中应用最广的碳钢焊条和低合金钢焊条，相应的国家标准为 GB/T 5117—2012 和 GB/T 5118—2012。标准规定，碳钢焊条型号由字母"E"和四位数字组成。如"E4303"，其含义如下：

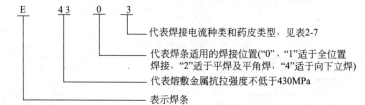

在我国已公布的碳钢焊条型号中，代表熔敷金属抗拉强度最小值的数字仅有"43"（最小抗拉强度值 430MPa）和"50"（最小抗拉强度值 490MPa）系列两种。

表 2-6　焊条用途类别与焊条牌号表示方法

名　　称	焊条牌号	名　　称	焊条牌号
结构钢焊条	J×××	铸铁焊条	Z×××
钼及铬钼耐热钢焊条	R×××	镍及镍合金焊条	Ni×××
低温钢焊条	W×××	铝及铝合金焊条	L×××
不锈钢焊条	G×××	铜及铜合金焊条	T×××
堆焊焊条	A×××	特殊用途焊条	TS×××
	D×××		

焊条牌号是焊条生产行业统一的焊条代号。表 2-6 为焊条用途不同的分类与对应牌号。焊条牌号前的字母表示焊条类别，"×××"代表数字，前两位数字代表焊缝金属抗拉强度等级。末尾数字表示焊条的药皮类型和焊接电流种类（表 2-7）。表 2-8 列举出部分常用碳钢焊条型号与对应的焊条牌号及数字含义。

焊条型号是根据熔敷金属抗拉强度、药皮类型、焊接位置、电流种类及极性划分的，以便供用户选焊条时参考。但同一种焊条型号可能有不同性能的几种焊条牌号与之对应，如J427 和 J427Ni 属于同一种焊条型号 E4315。

表 2-7　焊条牌号末尾数字与焊条药皮类型及焊接电流种类之间的关系

末尾数字	药皮类型	焊接电流种类	末尾数字	药皮类型	焊接电流种类
××0		不属已规定的类型	××5	纤维素型	交流或直流正、反接
××1	氧化钛型		××6	低氢钾型	交流或直流反接
××2	氧化钛钙型		××7	低氢钠型	直流反接
××3	钛铁矿型	交流或直流正、反接	××8	石墨型	交流或直流正、反接
××4	氧化铁型		××9	盐基型	直流反接

表 2-8　部分常用碳钢焊条型号与牌号对应表

焊条型号	焊条牌号	熔敷金属抗拉强度数值（≥）		药皮种类	焊条类别	电流种类与极性	用途
		kgf/mm²	MPa				
E4319	J423	43	430	钛铁矿型	酸性焊条	交流或直流正、反接	较重要的碳钢结构
E5019	J503	50	490				
E4303	J422	43	430	钛钙型			
E5003	J502	50	490				
E4311	J425	43	430	高纤维素钾型		交流或直流反接	一般碳钢结构
E5011	J505	50	490				
E4320	J424	43	430	氧化铁型		交流或直流正接	较重要的碳钢结构
E4327	J424Fe	43	430	铁粉氧化铁型			
E4315	J427	43	420	低氢钠型	碱性焊条	直流反接	重要碳钢、低合金钢结构
E5015	J507	50	490				
E4316	J426	43	430	低氢钾型		交流或直流反接	
E5016	J506	50	490				
E5018	J506Fe	50	490	铁粉低氢钾型			

（4）焊条的选用

① 考虑母材的力学性能和化学成分。焊接低碳钢和低合金结构钢时，应根据焊接件的抗拉强度选择相应强度等级的焊条，即等强度原则；焊接耐热钢、不锈钢等材料时，则应选择与焊接件化学成分相同或相近的焊条，即等成分原则。

② 考虑结构的使用条件和特点。对于承受动载荷或冲击载荷的焊接件，或结构复杂、大厚度的焊接件，为保证焊缝具有较高的塑性和韧度，应选择碱性焊条。

③ 考虑焊条的工艺性。对于焊前清理困难，且容易产生气孔的焊接件，应当选择酸性焊条；如果母材中含碳、硫、磷量较高，则应选择抗裂性较好的碱性焊条。

④ 考虑焊接设备条件。如果没有直流焊机，则只能选择交直流两用的焊条。

⑤ 在确定了焊条牌号后，还应根据焊接件厚度、焊接位置等条件选择焊条直径。一般是焊接件愈厚，焊条直径应愈大。

（5）焊条的保管

① 焊条的保存

焊条保管的好坏对焊接质量有直接影响，尤其在野外工作时要特别注意。每个焊工，保管员和技术人员都应该知道焊条存储、保管规则。焊条在很多情况下会遭到破坏：运输、搬运、使用时受到损伤；被水浸泡或吸潮；受油或其他腐蚀介质污染。

在一般情况下焊条由塑料袋和纸盒包装，为了防止吸潮，在焊条使用前，不能随意拆开，尽量做到现用现拆，有可能的话，焊完后剩余的焊条再密封起来。

简单识别受潮的方法：从不同位置取出几根焊条用两个手的拇指和食指之间将焊条支撑轻轻摇动，如果焊条是干燥的就产生硬而脆的金属声，如果焊条受潮，声音发钝。在使用焊条时常做各种试验，干燥过的和受潮焊条之间声音是不同的，这样可以防止误用受潮焊条：如果用某种型号受潮焊条焊接时发现有裂纹和气孔，这时一定要考虑焊条是否烘干，然后再考虑其他原因；用受潮焊条焊接时如果焊条含水量非常高，甚至可以看到焊条表面有水蒸气发出来，或者当焊条烧焊一多半时，发现焊条尾部有裂纹现象存在。

② 焊条的存储

a. 各类焊条必须分类、分牌号堆放，避免混乱。

b. 焊条必须存放在较干燥的仓库内，建议室温在10℃以下，相对湿度小于60%。

c. 各类焊条存储时，必须离地面高300mm，离墙壁300mm以上存放，以免受潮。

d. 一般焊条一次出库量不能超过两天的用量，已经出库的焊条，必须要保管好。

③ 焊条使用前的烘干与保管

a. 酸性焊条对水分不敏感，而有机物金红石型焊条能容许有更高的含水量。所以要根据受潮的具体情况，在70～150℃烘干一小时，存储时间短且包装良好，一般使用前可不烘干。

b. 碱性低氢型焊条在使用前必须烘干，以降低焊条的含氢量，防止气孔、裂纹等缺陷产生，一般烘干温度为350℃，一小时。不可将焊条在高温炉中突然放入或突然冷却，以免药皮干裂。对含氢量有特殊要求的，烘干温度应提高到400～500℃，一至两个小时。经烘干的碱性焊条最好放入另一个温度控制在50～100℃低温烘干箱中存放，并随用随取。

c. 烘干焊条时，每层焊条不能堆放太厚（一般1～3层）以免焊条烘干时受热不均和潮气不易排除。

d. 露天操作时，隔夜必须将焊条妥善保管，不允许露天存放，应该在低温箱中恒温存放，否则次日使用前必须重新烘干。

7. 焊条电弧焊工艺参数

(1) 焊条直径

焊条直径的选择主要取决于焊件厚度、接头形式、焊缝位置及焊接层次等因素。在不影响焊接质量的前提下，为了提高劳动生产率，一般倾向于选择大直径的焊条。但是焊条直径大往往会造成未焊透和焊缝成形不良。焊条直径的选择通常可以从以下几个方面考虑：

① 焊件的厚度，厚度较大的焊件应选用较大直径的焊条。

② 焊缝的位置，平焊时应选用较大直径的焊条。立焊、横焊、仰焊时为减小热输入，防止熔化金属下淌，应采用小直径焊条并配合小电流焊接。

③ 焊接层数，多层焊时为保证根部焊透，第一层焊道应采用小直径焊条焊接，以后各层可以采用较大直径焊条焊接，以提高生产率。

④ 接头形式，搭接接头、T形接头多用作非承载焊缝，为提高生产效率应采用较大直径的焊条。

(2) 焊接电流

增大焊接电流能提高生产效率，使熔深增大，但电流过大易造成焊缝咬边和烧穿等缺陷，降低接头的机械性能。焊接电流主要根据焊条类型、焊条直径、焊件厚度、接头形式、焊缝空间位置及焊接层次等因素来决定。焊接时，焊接电流的选择可以从以下几个方面考虑：

① 根据焊条直径和焊件厚度选择。焊条直径越大，焊件越厚，要求焊接电流越大。平焊低碳钢时，焊接电流I（单位A）与焊条直径D（单位mm）的关系式为：$I=(35～55)D$。

② 根据焊接位置选择。在焊条直径一定的情况下，平焊位置要比其他位置焊接时选用的焊接电流大。

(3) 电弧电压

电弧电压的大小是由弧长来决定。电弧长则电压高，电弧短则电压低。在焊接过程中应采用不超过焊条直径的短电弧，否则会出现电弧燃烧不稳、保护不好，飞溅大，熔深小，还会使焊缝产生未焊透、咬边和气孔等缺陷。

（4）焊接层数

在中、厚板焊条电弧焊时，往往采用多层焊。

（5）电源种类和极性

直流电源，电弧稳定，飞溅小，焊接质量好，一般用在重要的焊接结构或厚板大刚度结构的焊接上。其他情况下，应首先考虑用交流焊机。一般情况下，使用碱性焊条或薄板的焊接，采用直流反接；而酸性焊条，通常选用正接。

（6）焊接速度

单位时间内完成的焊缝长度称为焊接速度。焊接速度过快或过慢都将影响焊缝的质量。焊接速度过快，熔池温度不够，易造成未焊透、未融合和焊缝过窄等现象。若焊接速度过慢，易造成焊缝过厚、过宽或出现焊穿等现象。掌握合适的焊接速度有两个原则：一是保证焊透，二是保证要求的焊缝尺寸。

8. 焊接缺陷

在焊接过程中，由于焊接规范选择、焊前准备和操作不当，会产生各种焊接缺陷。焊接缺陷不仅会影响焊缝的美观，还有可能减小焊缝的有效承载面积，造成应力集中引起断裂，直接影响焊接结构使用的可靠性。表2-9列出了常见的焊接缺陷及其产生的原因。

表 2-9　常见的焊接缺陷及其产生的原因

缺陷名称	示意图	特征	产生原因
气孔		焊接时，熔池中的过饱和H、N以及冶金反应产生的CO，在熔池凝固时未能逸出，在焊缝中形成的空穴	焊接材料不清洁；弧长太长，保护效果差；焊接规范不恰当，冷速太快；焊前清理不当
裂纹		热裂纹：沿晶开裂，具有氧化色泽，多在焊缝上，焊后立即开裂 冷裂纹：穿晶开裂，具有金属光泽，多在热影响区，有延时性，可发生在焊后任何时刻	热裂纹：母材硫、磷含量高；焊缝冷速太快，焊接应力大，焊接材料选择不当 冷裂纹：母材淬硬倾向大；焊缝含氢量高；焊接残余应力较大
夹渣		焊后残留在焊缝中的非金属夹杂物	焊道间的熔渣未清理干净；焊接电流太小、焊接速度太快；操作不当
咬边		在焊缝和母材的交界处产生的沟槽和凹陷	焊条角度和摆动不正确；焊接电流太大、电弧过长
焊瘤		焊接时，熔化金属流淌到焊缝区之外的母材上所形成的金属瘤	焊接电流太大、电弧过长、焊接速度太慢；焊接位置和运条不当
未焊透		焊接接头的根部未完全熔透	焊接电流太小、焊接速度太快；坡口角度太小、间隙过窄、钝边太厚

9. 各种位置的焊接

焊接空间位置不同的焊接接头,虽然具有各自不同的特点,但也具有共同的规律,其共同规律就是选择合适的焊接电流,保持正确的焊条角度,掌握好运条的动作,控制熔池表面形状、大小和温度,使熔池金属的冶金反应较完全,气体、杂质排除彻底,并与母材很好地熔合。

(1) 平焊

平焊是在水平面上进行任何方向焊接的一种操作方法。由于焊缝处在水平位置,熔滴主要靠自重过渡,操作技术比较容易掌握,可以选用较大直径焊条和较大的焊接电流,生产效率高,因此在生产中应用比较普遍。如果焊接参数选择不当和操作不当,打底焊时容易造成根部焊瘤或未焊透,也容易出现熔渣与熔化金属混杂不清或熔渣超前而引起的夹渣。

平焊分为对接平焊、T 形接头平焊和搭接接头平焊。

① 对接平焊

推荐对接平焊的焊接参数见表 2-10。

表 2-10　推荐对接平焊的焊接参数

焊缝横截面形式	焊件厚度 /mm	第一层焊缝		其他各层焊缝		盖面焊缝	
		焊条直径 /mm	焊接电流 /A	焊条直径 /mm	焊接电流 /A	焊条直径 /mm	焊接电流 /A
	2	2	50~60	—	—	2	55~60
	2.5~3.5	3.2	80~110	—	—	3.2	85~120
	4~5	3.2	90~130	—	—	3.2	100~130
		4	160~200	—	—	4	160~210
		5	200~260	—	—	5	220~260
	5~6		160~200	—	—	3.2	100~130
				—	—	4	180~210
	>6	4	160~200	4	160~210	4	180~220
				5	220~280	5	220~260
	≥12	4	160~210	4	160~210	—	—
				5	220~280	—	—

a. I 形坡口对接平焊　当板厚小于 6mm 时,一般采用 I 形坡口对接平焊。采用双面双道焊,焊条直径 3.2mm。焊接正面焊缝时,采用短弧焊,熔深为焊件厚度的 2/3,焊缝宽度 5~8mm,余高应小于 1.5mm,如图 2-8 所示。焊接反面焊缝时,除重要结构外,不必清根,但要将正面焊缝背部的熔渣清除干净,然后再焊接,焊接电流可大些。焊条角度如图 2-9 所示。

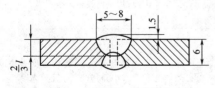

图 2-8　I 形坡口对接接头

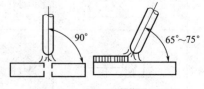

图 2-9　对接平焊的焊条角度

b. V 形坡口的对接平焊　当板厚超过 6mm 时，由于电弧的热量较难深入到 I 形坡口根部，必须开单 V 形坡口或双 V 形坡口，可采用多层焊或多层多道焊，如图 2-10、图 2-11 所示。

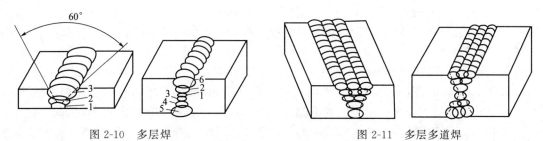

　　图 2-10　多层焊　　　　　　　　　　　　　　　图 2-11　多层多道焊

多层焊时，第一层应选用较小直径的焊条，运条方法应根据焊条直径与坡口间隙而定。可采用直线运条法或锯齿形运条法，要注意边缘熔合的情况并避免焊件焊穿。以后各层焊接时，应将前一层焊渣清除干净，然后选用直径较大的焊条和较大的焊接电流进行施焊。可采用锯齿形运条法，并应用短弧焊接。但每层不宜过厚，应注意在坡口两边稍停留，为防止产生熔合不良及夹渣等缺陷，每层的焊缝接头必须互相错开。

多层多道焊的焊接方法与多层焊接相似，焊接时，初学者特别注意清除熔渣．以避免产生夹渣、未熔合等缺陷。

② T 形接头的平角焊

推荐 T 形接头平角焊的焊接参数见表 2-11。

表 2-11　推荐 T 形接头平角焊的焊接参数

焊缝横截面形式	焊件厚度或焊脚尺寸/mm	第一层焊缝		其他各层焊缝		盖面焊缝	
		焊条直径/mm	焊接电流/A	焊条直径/mm	焊接电流/A	焊条直径/mm	焊接电流/A
	2	2	55～65	—			
	3	3.2	100～120	—			
	4	3.2	100～120	—			
		4	160～200				
	5～6	4	160～200	—			
		5	220～280				
	≥7	4	160～200	5			
		5	220～280				
		4	160～200	4	160～200	4	160～200
				5	220～280		

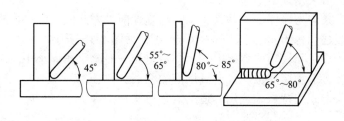

图 2-12　T 形接头平角焊时的焊条角度

T形接头平角焊时，容易产生未焊透、焊偏、咬边及夹渣等缺陷，特别是立板容易咬边。为防止上述缺陷，焊接时除正确选择焊接参数外，还必须根据两板厚度调整焊条角度，电弧应偏向厚板一边，让两板受热温度均匀一致，如图2-12所示。

当焊脚小于6mm时，可用单层焊，选用直径4mm焊条，采用直线形或斜圆形运条方法。焊接时采用短弧，防止产生焊偏及垂直板上咬边。焊脚在6～10mm之间时，可用两层两道焊，焊第一层时，选用直径3.2～4mm焊条，采用直线形运条法，必须将顶角焊透，以后各层可选用直径4～5mm的焊条，采用斜圆形运条法，要防止产生焊偏及咬边等现象。当焊脚大于10mm时，采用多层多道焊，可选用直径5mm的焊条，这样就能提高生产率。在焊接第一道焊缝时，应选用较大的电流，以得到较大的熔深；焊接第二道焊缝时，由于焊件温度升高，可选用较小的电流和较快的焊接速度，以防止垂直板产生咬边现象。在实际生产中，当焊件能翻动时，尽可能把焊件放成平角焊位置进行焊接，如图2-13所示。平角焊位置焊接既能避免产生咬边等缺陷，焊缝平整美观，又能使用大直径焊条和较大的焊接电流并便于操作，从而提高生产率。

③ 搭接平角焊

焊接平角焊时，主要的困难是板件边缘易受电弧高温熔化而产生咬边，同时也容易产生焊偏，因此必须掌握好焊条角度和运条方法，焊条与下板表面的角度应随下板的厚度增大而增大，如图2-14所示。搭接平角焊根据厚度不同也分为单层焊、多层焊和多层多道焊，选择方法基本上与T形接头相似。

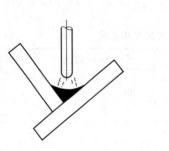

图 2-13　平角焊

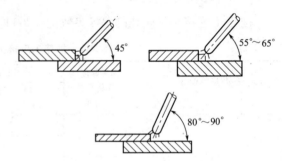

图 2-14　搭接平角焊的焊条角度

（2）立焊

立焊是在垂直方向上进行焊接的一种操作方法。由于在重力的作用下，焊条熔化所形成的熔滴及熔池中的熔化金属要下淌，造成焊缝成形困难，质量受影响。因此，立焊时选用的焊条直径和焊接电流均应小于平角焊，并采用短弧焊接。

立焊有两种操作方法：一种是由下向上施焊，是目前生产中常用的一种方法，称为向上立焊或简称为立焊；另一种是由上向下施焊，这种方法要求采用专用的向下立焊焊条才能保证焊缝质量。

由下向上焊接可采用以下措施：

在对接时，焊条应与焊件金属垂直，同时与施焊前进方向成60°～80°的夹角。在角接立焊时，焊条与两板之间各为45°向下倾斜10°～30°，如图2-15所示。

用较细直径的焊条和较小的焊接电流，焊接电流一般比平角焊小10％～15％。

采用短弧焊接，缩短熔滴金属过渡到熔池的距离。

根据焊件接头形式的特点，选用合适的运条方法。

① 对接立焊

推荐对接接头立焊的焊接参数见表2-12。

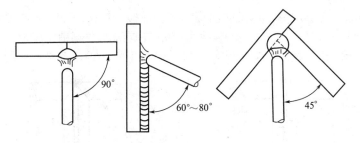

图 2-15 立焊时的焊条角度

表 2-12 推荐对接接头立焊的焊接参数

焊缝横截面形式	焊件厚度或焊脚尺寸/mm	第一层焊缝		其他各层焊缝		盖面焊缝	
		焊条直径/mm	焊接电流/A	焊条直径/mm	焊接电流/A	焊条直径/mm	焊接电流/A
	2	2	45~55	—	—	2	50~55
	2.5~4	3.2	75~100	—	—	3.2	80~110
	5~6	3.2	80~120	—	—	3.2	90~120
	7~10	3.2	90~120	4	120~160	3.2	90~120
		4	120~160				
	≥11	3.2	90~120	4	120~160	3.2	90~120
		4	120~160	5	160~200		
	12~18	3.2	90~120	4	120~160	—	—
		4	120~160				
	≥19	3.2	90~120	4	120~160	—	—
		4	120~160	5	160~200		

　　a. I 形坡口的对接立焊　这种接头常用于薄板的焊接。焊接时容易产生焊穿、咬边、金属熔滴流失等缺陷，给焊接带来很大困难。一般选用跳弧法施焊，电弧离开熔池的距离尽可能短些，跳弧的最大弧长应不大于 6mm。在实际操作中，应尽量避免采用单纯的跳弧焊法，有时由于焊条的性能及焊缝的条件关系，可采用其他方法与跳弧法配合使用，如图 2-16 所示。

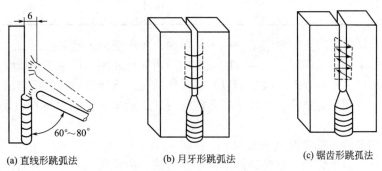

(a) 直线形跳弧法　　　(b) 月牙形跳弧法　　　(c) 锯齿形跳弧法

图 2-16 I 形坡口对接立焊时各种运条方法

　　b. V 形或 U 形坡口的对接立焊　对接立焊的坡口有 V 形和 U 形等形式，如果采用多层焊时，层数则由焊件厚度来决定，每层焊缝的成形都应注意，打底焊时应选用直径较小的焊条和较小的焊接电流。对厚板采用小三角形运条法，对中厚板或较薄板可采用小月牙形或

锯齿形跳弧运条法，各层焊缝都应及时清理焊渣，并检查焊接质量。表层焊缝运条方法按所需焊缝高度的不同来选择，运条的速度必须均匀，在焊缝的两侧稍作停留，这样有利于熔滴的过渡，防止产生咬边等缺陷。V 形坡口对接立焊常用的各种运条方法如图 2-17 所示。

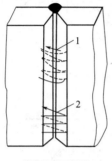
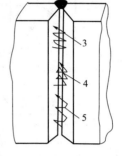

(a) 填充及盖面焊道 　　　　　　　　(b) 打底焊道

图 2-17　V 形坡口对接立焊常用的各种运条方法

1—月牙形运条；2—锯齿形运条；3—小月牙形运条；4—三角形运条；5—跳弧运条

② T 形接头立焊

推荐 T 形接头立焊的焊接参数见表 2-13。

表 2-13　推荐 T 形接头立焊的焊接参数

焊缝横截面形式	焊件厚度或焊脚尺寸/mm	第一层焊缝		其他各层焊缝		盖面焊缝	
		焊条直径/mm	焊接电流/A	焊条直径/mm	焊接电流/A	焊条直径/mm	焊接电流/A
	2	2	50～60	—	—	—	—
	3～4	3.2	90～120	—	—	—	—
	5～8	3.2	90～120	—		—	—
		4	120～160			—	—
	9～12	3.2	90～120	4	120～160	—	—
		4	120～160				
	—	3.2	90～120	4	120～160	3.2	90～120
		4	120～160				

　　T 形接头立焊容易产生的缺陷是角顶不易焊透，而焊缝两边容易咬边。为了克服这个缺陷，焊条在焊缝两侧应稍作停留，电弧的长度应尽可能地缩短，焊条摆动幅度应不大于焊缝宽度，为获得质量良好的焊缝，要根据焊缝的具体情况，选择合适的运条方法。常用的运条方法有跳弧法、三角形运条法、锯齿形运条法和月牙形运条法等，如图 2-18 所示。

　　(3) 横焊

推荐对接横焊的焊接参数见表 2-14。

横焊是在垂直面上焊接水平焊缝的一种操作方法。由于熔化金属受重力作用，容易下淌而产生各种缺陷。因此应采用短弧焊接，并选用较小直径的焊条和较小的焊接电流以及适当的运条方法。

　　① I 形坡口的对接横焊

板厚为 3～5mm 时，可采用 I 形坡口的对接双面焊。正面焊接时选用直径 3.2mm 或

表 2-14　推荐对接横焊的焊接参数

焊缝横截面形式	焊件厚度或焊脚尺寸/mm	第一层焊缝		其他各层焊缝		盖面焊缝	
		焊条直径/mm	焊接电流/A	焊条直径/mm	焊接电流/A	焊条直径/mm	焊接电流/A
	2	2	45~55	—	—	2	50~55
	2.5	3.2	75~110	—	—	3.2	80~110
	3~4	3.2	80~120	—	—	3.2	90~120
	4	4	120~160	—	—	4	120~160
	5~6	3.2	80~120	3.2	90~120	3.2	90~120
				4	120~160	4	120~160
	≥9	3.2	90~120	4	140~160	3.2	90~120
		4	140~160			4	120~160
	14~18	3.2	90~120	4	140~160		
		4	140~160				
	≥19	—	140~160	—	140~160		

4mm 的焊条，施焊时的角度如图 2-19 所示。焊件较薄时，可用直线往返形运条焊接，让熔池中的熔化金属有机会凝固，可以防止烧穿。焊件较厚时，可采用短弧直线形或小斜圆形运条方法焊接，便可得到合适的熔深，焊接速度应稍快些，力求做到均匀，避免焊条的熔化金属过多地聚集在某一点上形成焊瘤和焊缝上部咬边等缺陷，打底焊时，宜选用细焊条，一般选用 3.2mm 的焊条，电流稍大些，用直线运条法焊接。

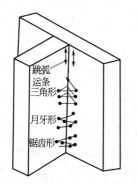

图 2-18　T 形接头立焊的运条方法

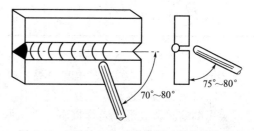

图 2-19　I 形坡口的对接横焊时焊条的角度

② V 形或 K 形坡口的对接横焊

横焊的坡口一般为 V 形或 K 形，其坡口的特点是下板不开或下板所开坡口角度小于上板，如图 2-20 所示，这样有利于焊缝成形。

（4）仰焊

仰焊时焊缝位于焊接电弧的上方。焊工在仰视位置进行焊接，仰焊劳动强度大，是最难的一种焊接。由于仰焊时熔化金属在重力的作用下，较易下淌，熔池形状和大小不易控制，容易出现夹渣、未焊透和凹陷现象，运条困难，表面不易焊得平整，焊接时，必须正确选用焊条直径和适当的焊接电流，以减少熔池的面积，尽量维持最短的电弧，有利于熔滴在很短的时间内过渡到熔池中去，促使焊缝成形。

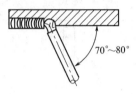

(a) V形坡口　(b) 单边V形坡口　(c) K形坡口

图 2-20　横焊时对接接头的坡口形式

图 2-21　I 形坡口的对接仰焊

① 对接接头的仰焊

推荐对接接头仰焊的焊接参数见表 2-15。

表 2-15　推荐对接接头仰焊的焊接参数

焊缝横截面形式	焊件厚度或焊脚尺寸/mm	第一层焊缝		其他各层焊缝		盖面焊缝	
		焊条直径/mm	焊接电流/A	焊条直径/mm	焊接电流/A	焊条直径/mm	焊接电流/A
	2	—	—	—	—	2	40~60
	2.5	—	—	—	—	3.2	80~110
	3~5	—	—	—	—	3.2	85~110
		—	—	—	—	4	120~160
	5~8	3.2	90~120	3.2	90~120	—	—
				4	140~160		
	≥9	3.2	90~120	4	140~160	—	—
		4	140~160				
	12~18	3.2	90~120	4	140~160	—	—
		4	140~160				
	≥19	4	140~160	4	140~160	—	—

　　a. I 形对接仰焊　当焊件的厚度小于 4mm 时，采用 I 形坡口的对接仰焊。应选用直径为 3.2mm 的焊条，焊条施焊角度如图 2-21 所示。接头间隙小时可用直线形运条法，接头间隙稍大时可用直线往返形运条法进行焊接，焊接电流选择应适中。若焊接电流太小，电弧不稳，会影响熔深和成形；若焊接电流太大则会导致熔化金属淌落和焊穿等。

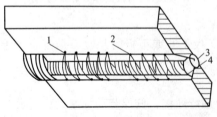

图 2-22　V 形坡口对接仰焊的运条方法

1—月牙形运条；2—锯齿形运条；
3—第一层焊道；4—第二层焊道

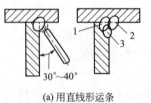

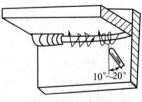

(a) 用直线形运条　　(b) 斜三角形或圆圈形运条

图 2-23　T 形接头仰焊的运条方法及焊道排列顺序

　　b. V 形坡口对接仰焊　当焊件的厚度大于 5mm 时，采用开 V 形坡口的对接仰焊，常用多层焊或多层多道焊。焊接第一层焊缝时，可采用直线形、直线往返形、锯齿形运条方法，要求焊缝表面要平直。在焊接第二层以后的焊缝，采用锯齿形或月牙形运条方法，如图2-22所示。不论采用哪种运条方法焊成的焊道均不宜过厚，焊条的角度应根据每一焊道的位置作相应调整，以有利于熔滴金属的过渡和获得较好的焊缝成形。

② T形接头的仰焊

推荐 T形接头的焊接参数见表2-16。

表 2-16　推荐 T 形接头的焊接参数

焊缝横截面形式	焊件厚度或焊脚尺寸/mm	第一层焊缝		其他各层焊缝		盖面焊缝	
		焊条直径/mm	焊接电流/A	焊条直径/mm	焊接电流/A	焊条直径/mm	焊接电流/A
	2	2	50～60	—	—	—	—
	3～4	3.2	90～120	—	—	—	—
	5～6	4	120～160	—	—	—	—
	≥7	4	140～160	4	140～160	—	—
	—	3.2	90～120	4	140～160	3.2	90～120
		4	140～160			4	140～160

T形接头的仰焊比对接坡口的仰焊容易操作，通常采用多层焊或多层多道焊。当焊脚尺寸小于 8mm 时，宜用单层焊，若焊脚尺寸大于 8mm 时，宜采用多层多道焊。焊条的角度和运条方法如图 2-23 所示，焊接第一层时采用直线运条法，以后各层可采用斜圆圈形或三角形运条法。若技术熟练可使用稍大直径的焊条和焊接电流。

 任务实施

项目　前纵梁的焊接

1. 项目描述

车辆的前纵梁是车身的承重件，是高强度钢材质，车辆行驶时，除了要承受自身的载重外，还要承受来自路面的冲击力，所以焊接时要考虑到其特殊性，遵从焊接工艺的原则下，在焊材上要选择有抗扭曲性能焊条，以保证焊接质量。

2. 设备工具及耗材

（1）焊条电弧焊机；

（2）教学车辆；

（3）测量工具；

（4）打磨工具；

（5）固定夹具；

（6）遮蔽布；

（7）手锤、钢丝刷等。

3. 操作步骤

（1）切割前纵梁

将坏损的前纵梁按维修手册要求切割。

（2）磨除焊接部位漆膜、切割表面毛刺等杂质

用打磨机磨除焊接部位的漆膜、锈蚀、切割面毛刺等杂质。在打磨过程中，注意不要打磨过度，以磨除漆膜为目的，不要过多打磨钢板，造成钢板厚度减少，影响钢板力学性能。

（3）清除打磨粉尘等杂质

先用空气枪吹除粉尘等杂质，再用清洁的擦拭布蘸清洁剂擦拭被打磨表面，同时用另一块清洁的擦拭布立即将表面擦干。

（4）遮护

焊接部位附近不需要焊接的表面进行遮护处理，防止焊接飞溅损伤非焊接表面。

（5）设置坡口

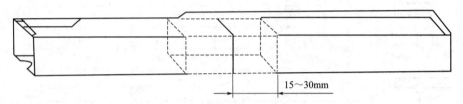

15～30mm

图 2-24　插入件对接方式

车身前纵梁横截面为封闭截面，考虑到前纵梁的使用环境，采用插入件对接方式焊接（图 2-24），以保证前纵梁承受载荷的能力。插入件的材质和厚度应与前纵梁相似，插入长度 15～30mm，并在前纵梁切割边缘的四个边用定位点焊的方式将插入件固定。为了使前纵梁焊透，根据厚度和工作条件设置 I 形坡口，坡口宽度 2～3mm。

（6）焊件定位

根据焊件形状，使用合适的夹具定位前纵梁，保证前纵梁的直线度。

（7）焊接工艺参数设定

步骤如下：

① 依焊接板件和环境情况设定焊接工艺参数。

② 以同样材质和厚度的试板进行试焊。

③ 观察焊缝情况。

④ 确认焊接工艺参数是否正确。

⑤ 重复调整参数直至焊珠符合要求。

（8）定位焊接

将工件接缝对准，对焊接板件实施定位焊接。实施定位焊接可使两片钢板先定位，并且可以减少主焊接产生的热变性。

（9）主焊接

为防止焊接中产生热变性，按分散热量的原则，以合理的顺序焊接每段焊缝。前纵梁对接焊的四个边应同时进行，焊接位置尽量对称。切勿焊接完一整条边，再去焊接另一边，这样会造成较大的焊接变形。

焊接中以稳定的姿势移动，防止焊枪晃动。在焊接每段焊缝时，对准定位焊接点的末端，间断焊接，以焊珠连接定位焊接的点。

为了保证控制热量的积聚，必须进行间断点焊操作，切勿使用连续焊。

① 引弧。手工电弧焊的引燃方法是采用接触法。具体应用时又可分为划擦法和敲击法

两种。划擦法引弧动作似划火柴，对初学者来说易于掌握，但容易损坏焊件表面。敲击法引弧，由于焊条端部与焊件接触时处于相对静止的状态，（若）操作不当，容易造成焊条粘住焊件。此时，只要将焊条左右摆动几下就可以脱离焊件。

② 运条。电弧引燃后，迅速将焊条提起 2～4mm 进行焊接，焊接时应有三个基本动作：

a. 焊条中心向熔池逐渐送进，以维持一定的弧长，焊条的送进速度应与焊条熔化的速度相同。否则会产生断弧或焊条与焊件粘连现象；

b. 焊条的横向摆动，以获得一定的焊缝宽度；

c. 焊条沿焊接方向逐渐移动，移动速度均匀。

③ 焊缝的起头和收尾。焊缝的起头就是指开始焊接的部分，由于引弧后不可能迅速使这部分金属温度升高，所以起点部分的熔深较浅，焊缝余高较高。为了减少这种现象，可以采用较长的电弧对焊缝的起头处进行必要的预热，然后适当地缩短电弧的长度再转入正常焊接。

焊缝收尾时由于操作不当往往会形成弧坑，降低焊缝的强度，产生应力集中或裂纹。为了防止和减少弧坑的出现，焊接时通常采用三种方法：

a. 划圈收弧法，适合于厚板焊接的收尾；

b. 反复断弧收尾法，适合于薄板和大电流焊接的收尾；

c. 回焊收弧法，适合于碱性焊条的收尾。

（10）清渣

由于空气对熔池金属的作用，在焊缝表面会形成一层焊渣层，用手锤焊缝表面，使焊渣层脱落，直至露出焊缝金属。

（11）焊接质量检查

在操作中使用直径 2.5mm 碱性焊条，钢板厚度 3mm，焊接质量检查可参考如下标准：

① 钢板没有明显变形。

② 没有裂纹，没有孔洞，没有咬边。

③ 没有过多的飞溅。

④ 焊珠形状比较规则。

⑤ 焊缝完全填满。

⑥ 焊珠高度不超过 1.5mm。

⑦ 焊珠宽度 8mm 左右。

⑧ 有明显熔深。

（12）研磨焊珠

研磨焊珠余高至前纵梁钢板，切勿研磨过度。

（13）焊缝防锈、防腐处理

对焊缝施涂防锈剂、防腐材料，保证前纵梁的使用性能。

 学习评价

1. 理论考核

（1）分析题

① 焊条电弧焊机的原理与特征。

② 焊条电弧焊各种技术参数对焊接质量的影响。

③ 直流电弧焊机焊接一些部件及材质时，为什么要正极反接？

④ 酸性焊条与碱性焊条的优缺点。

（2）判断题

① 焊条电弧焊与铜钎焊都是熔接焊的一种。　　　　　　　　　　　　（　　）

② 焊条电弧焊可以对各种不规则焊缝进行焊接。　　　　　　　　　　（　　）

③ 弧焊变压器一般使用的是铝绕组线圈。　　　　　　　　　　　　　（　　）

④ 电焊条的药皮主要是保护焊芯不生锈。　　　　　　　　　　　　　（　　）

（3）选择题

① 直流弧焊机什么时候被国家相关部委宣布为淘汰产品（　　　）

A. 1992 年　　　　　　　　　　　　　　B. 1993 年

C. 2000 年　　　　　　　　　　　　　　D. 1995 年

② 焊条电弧焊机的初级电源是指（　　　）

A. 输出电源　　　　　　　　　　　　　B. 输入电源

C. 初级线圈里的电源　　　　　　　　　D. 次级线圈里的电源

③ 对焊接焊缝有较高的塑性和韧性要求的，应该采用（　　　）

A. 回火处理　　　　　　　　　　　　　B. 正火处理

C. 酸性焊条　　　　　　　　　　　　　D. 碱性焊条

④ 焊条电弧焊接后，焊缝出现夹渣缺陷，主要原因是（　　　）

A. 焊道未清理干净　　　　　　　　　　B. 电流过小或电弧电压过高

C. A、B、D 都存在　　　　　　　　　　D. 焊接速度过快或操作不当

2. 技能考核

项目　前纵梁的焊接见表 2-17。

表 2-17　车身前纵梁的焊接

基本信息	姓名		学号		班级		组别	
	规定时间		完成时间		考核时间		总评成绩	
	序号	步骤		完成情况		标准分	评分	
				完成	未完成			
任务操作	1	考核准备 设备与工具 相关表格				10		
	2	操作流程				10		
	3	操作规范				5		
	4	操作技巧				5		
	5	焊条电弧焊操作实施				5		
	6	焊条电弧焊操作应变能力				5		
	7	焊条电弧焊焊接缺陷处理				5		
	8	焊条电弧焊焊接质量				5		
	9	全方位焊接能力				5		
	10	综合素质				5		
沟通能力						10		
掌控能力						10		
技术能力						10		
熟练程度						10		

学习任务三
二氧化碳气体保护焊焊接

工作情境描述

在车身维修作业中，CO_2气体保护焊被广泛使用，无论是焊接车身覆盖件，还是焊接车身结构件。为了获得良好的焊接质量，需要熟悉对接焊、填孔焊、搭接焊三种焊接方法的特点和适用范围，知道CO_2气体保护焊的操作流程，相关设备、工具的运用，完成车身板件的焊接。

学习目标

1. 知道CO_2气体保护焊接的原理及熔滴过渡形式；
2. 知道CO_2气体保护焊接的特点，焊机、焊枪、焊丝以及气体的功能与使用要求；
3. 知道对接焊、填孔焊、搭接焊的工艺特点和适用范围；
4. 能够分析CO_2气体保护焊接的工艺参数对焊接缺陷的影响；
5. 能够使用CO_2气体保护焊机完成车身板件的对接焊、填孔焊、搭接焊操作，并进行质量检查。

 知识准备

1. CO_2气体保护焊接的基本原理

CO_2气体保护焊是从 20 世纪 50 年代初期发展起来的一种焊接技术，它是一种高效率焊接方法。二氧化碳气体保护焊简称二氧化碳保护焊或CO_2焊。它采用二氧化碳气体作为保护介质，焊接时二氧化碳把电弧及熔池与空气隔离开来，从而避免了有害气体成分的侵入，以获得质量良好的焊缝。

CO_2气体保护焊焊接方法的原理如图 3-1 所示。保护气体CO_2从气瓶出来，经管路进入枪体，从喷嘴喷出，形成一个连续而稳定的CO_2保护气罩，笼罩着从喷嘴到焊件这一段空间，将此处的空气排走，从而保护气罩内的焊丝、熔滴、电弧、熔池和刚刚凝固而成的焊缝。

CO_2焊接的直流弧焊电源的正极输出端电缆线接在焊枪的导电嘴上，使焊丝末端成为

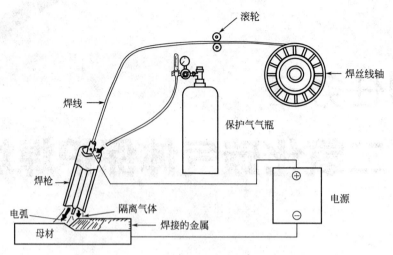

图 3-1 CO_2 气体保护焊焊接原理示意图

电弧的正极。电源的负极输出端由地线电缆接在焊件上，熔池就成为电弧的负极。可见，从电源的正极——电缆——导电嘴——焊丝——电弧正极——电弧——熔池（电弧负极）——母材——地线电缆——电源的负极，形成一个完整的闭合焊接电路。

　　焊接时，焊丝从送丝机中送丝辊轮挤压着送入导电嘴，带电之后向电弧输送，焊丝不断地被电弧熔化，又不断得到补充，从而使电弧长度保持相对稳定。焊丝不断地熔化成熔滴落入熔池，凝固形成焊缝。

　　2. CO_2 气体保护焊接的熔滴过渡

　　CO_2 焊接电弧的两极，一极是焊丝的末端，另一极是母材上的熔池。CO_2 电弧焊是一种熔化电极的焊接法。焊丝除了作为电极起导电作用之外，焊丝末端因接受电弧热量而熔化，在焊丝末端形成熔滴，熔滴由小而大，然后脱落，它穿过电弧空间过渡到熔池中去，与已被熔化了的母材金属共同形成焊缝，整个过程就叫熔滴过渡。

　　熔滴过渡是熔化极电弧焊接将焊丝这个填充金属输送到母材熔池中去的必须且唯一的手段。在车身焊接作业中的 CO_2 气体保护焊使用低电弧电压和小焊接电流，焊接弧长较短，熔滴过渡形式为短路过渡。

　　（1）短路过渡过程

　　当进行短弧焊接时，使用小的焊接规范（低电弧电压，小焊接电流），因弧长较短（2～3mm），所以，焊丝末端形成的熔滴在尚未充分长大，且未脱落时便与熔池的表面接触，形成电弧两极的短路，在电磁力、熔滴重力和表面张力等的作用下，使熔滴迅速溶入熔池的过程，叫熔滴短路过渡。焊接熔滴的短路过渡，过程虽然很短，但也是由几个阶段演变而成的，图 3-2 是短路过渡过程的示意图。

　　（2）短路过渡的特征

　　CO_2 焊接熔滴短路过渡时，每过渡一个熔滴，焊接电路发生一次短路，电路就有一次短路电流峰值冲击，熔滴搭建的液体金属小桥发生一次爆断，然后熔滴溶入熔池。所以熔滴过渡时，在外观形态上，就有轻快、均匀、有节奏的"啪！啪！"声响，并伴有一明一暗的弧光闪烁和细小的金属飞溅。

　　短路过渡的产生条件、形态特征简明归纳如下。

　　① 焊丝特点：细丝，$\phi \leqslant 0.8mm$。

　　② 焊接规范特点：低电压，小电流。

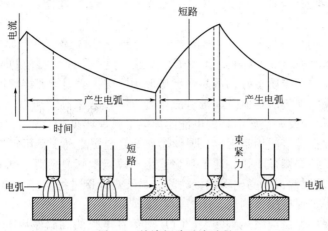

图 3-2 熔滴短路过渡过程

③ 弧长特点：短弧（弧长 2～3mm）。

④ 熔滴粒度特点：熔滴细小，直径小于焊丝直径。

⑤ 电弧燃烧特点：断续燃烧。

⑥ 弧光特点：电弧一明一暗，有节奏地闪烁。

⑦ 声响特点：有节奏的"啪！啪！"声，表示过渡频率较高，过渡过程稳定；若是"叭叭"的爆裂声，表示过渡频率较低，过渡过程和电弧燃烧都不稳定。

⑧ 过渡形态特点：熔滴搭成液态短路小桥。

⑨ 金属飞溅特点：金属飞溅轻微细小。

⑩ 应用的特点：金属薄板焊接，全位置焊接。

3. CO_2 气体保护焊保护气罩

CO_2 气体保护焊接使用的焊枪前端喷嘴经设计，能罩住喷出的 CO_2 气流，在喷嘴前端到焊接表面的区域形成一个 CO_2 保护气罩。见图 3-3。

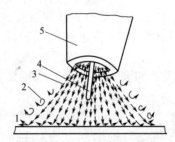

图 3-3 CO_2 气体保护焊保护气罩
1—母材；2—被排开的空气流；3—形成保护气罩的 CO_2 气流；
4—焊丝；5—焊枪喷嘴

在焊接电弧未引燃之前，CO_2 气流首先从喷嘴喷出，形成保护气罩，然后才引燃电弧。当电弧停止时，CO_2 气流的关闭要延迟一段时间，等焊接结束之后才关闭气流，使 CO_2 保护气罩能在整个焊接过程中起到保护作用。

4. CO_2 气体保护焊接的特点

① 焊接效率高，CO_2 气体保护焊接时焊丝熔化速度快，焊缝熔敷系数大。焊接时采用较大的焊接电流，焊丝的电流密度大，焊接导电的细焊丝本身的电阻热比焊条电弧焊焊条芯的电阻热要高。焊条电弧焊熔化焊条药皮，要消耗热量，焊接使用气体保护，不用产生焊

渣，没有这部分的热量消耗，所以，CO_2 气体保护焊丝的丝熔化速度快，焊缝熔敷系数大。

CO_2 气体保护焊接辅助时间少。焊接焊丝是自动连续送丝，没有焊条电弧焊换焊条的工作，且 CO_2 气体保护焊缝无焊渣，不用焊后清除焊渣，所以以焊接辅助时间少。

② CO_2 气体保护焊接质量好，不易产生变形和熔穿，适用于焊接薄钢板。

③ CO_2 气体保护焊接能耗低。焊接电流密度大，热效率高，所以，焊接相同厚度的焊件时，熔化相同单位的填充金属消耗的电能比焊条电弧焊要少。

④ CO_2 气体保护焊接应用范围广，焊丝熔点低且金属流动少，可实施全位置焊接。

⑤ CO_2 气体保护焊接是明弧，便于观察。由于焊接电弧是明弧，因此，焊接操作技巧容易掌握，焊缝不易焊偏，不易出现焊接缺陷，易于对焊接过程监控，焊接质量高。

⑥ CO_2 气体保护焊接产生的烟尘比焊条电弧焊少。

⑦ CO_2 气体保护焊接金属飞溅较大。CO_2 气体在电弧的高温作用下有氧化性，焊接熔池金属中的碳氧化后产生 CO_2，从熔池中逸出产生飞溅。焊接的飞溅比其他弧焊的飞溅要大，金属飞溅是 CO_2 气体保护焊接的固有特点，可以减少，但不能避免。

⑧ CO_2 气体保护焊接不能在有风的地方施工。风可以使 CO_2 保护气罩造成倾斜、扭曲、变形和击穿，使 CO_2 气体的保护作用受到破坏或完全丧失。

⑨ CO_2 气体保护焊接不能焊接易氧化的金属。由于焊接保护气体在电弧的高温作用下，具有强烈的氧化性，所以，CO_2 气体保护焊不能焊接易于氧化的铝、铜等有色金属。

5. CO_2 气体保护焊焊机

(1) CO_2 气体保护焊机基本构成

① 电源。提供可调节电弧电压和焊接电流的直流电。

② 供气系统。由气瓶、预热器、干燥器、减压阀、流量计、电磁阀组成。提供稳定的纯净干燥的 CO_2 气流，并具有可调节气体流量的功能。

③ 焊枪。焊接的执行器，保护气体从焊枪喷出，焊丝也从焊枪输出，焊接电弧在焊枪的喷嘴前产生。

④ 送丝机构。送丝系统由送丝机、送丝软管、焊丝盘等组成。送丝机由电动机、减速器、校直轮所组成；二氧化碳气体保护焊的送丝机有三种形式：推丝式、拉丝式、推拉丝式。

⑤ 焊接控制系统。按焊接工艺的要求，自动控制协调焊机各组件，使焊接过程稳定进行。

(2) CO_2 气体保护焊机型号

按国标 GB 10249—2010《焊机型号的编制方法》中规定，熔化极气体保护焊机（含 CO_2-MIG 焊机）的型号表示如下：

①② ③ ④-⑤

前三位是大写英文字母，第 4、5 位是阿拉伯数字，它们表示的含义见表 3-1。

例：

N B C - 160

焊机额定电流160A
CO_2 气体保护焊
半自动焊
熔化极气体保护焊

表 3-1　熔化极气体保护焊机型号代码含义

产品名称	第一位（字母）		第二位（字母）		第三位（字母）		第四位（数字）		第五位（数字）
	代表字母	大类名称	代表字母	小类名称	代表字母	附注特征	代表数字	系列序号	基本规格
电弧焊机	N	MIG/MAG 熔化极惰性/活性气体保护焊	Z B D U G	自动焊 半自动焊 点焊 堆焊 切割	省略 M C	直流 脉冲 二氧化碳保护焊	省略 1 2 3 4 5 6 7	焊车式 全位置焊车式 横臂式 机床式 旋转焊头式 台式 焊机机器人 变位式	额定焊接电流（A）

6. CO_2 气体保护焊焊机的焊枪

焊枪是焊机的重要部件，按应用方式不同分为半自动焊枪和全自动焊枪；按形状分为鹅颈式和手枪式焊枪；按送丝方式可分为推丝式和拉丝式焊枪。

在车身维修焊接作业中，应用最广泛的是鹅颈式焊枪。下面将主要针对鹅颈式焊枪进行介绍。

（1）焊枪的基本功能

① 输送焊丝。

焊枪将从送丝机构传送过来的焊丝输送到电弧区进行焊接。

② 传导电流。

焊枪将电源输出的焊接电流传导到焊丝末端，形成电弧放电极。

③ 传导 CO_2 气流。

焊枪接收输送过来的 CO_2 气体，形成保护气罩。

（2）焊枪的结构

CO_2 气体保护焊枪是以输送焊丝为中心，传导气体为外围的双层管状结构。见图3-4。

（3）焊枪易损件

① 导电嘴。

导电嘴在焊接过程中完成导电和输送焊丝的任务，是极易磨损的部件。为提高使用寿命，应减小焊丝通过导电嘴产生的摩擦，保证导电良好，导电嘴一般用紫铜和铬青铜制造，使用铬青铜制造的导电嘴耐磨性好，使用寿命较长。

② 喷嘴。

喷嘴工作条件恶劣，既受到电弧的高温烘烤，也受到焊接飞溅的粘附，这会降低喷嘴的使用寿命，也会使保护气流混乱。CO_2 焊枪使用前，可在喷嘴内外表面涂一层耐高温的硅油，以便清除飞溅颗粒，保证焊接质量，延长喷嘴使用寿命。

7. 送丝机构

焊接时，送丝机构保证送丝速度均匀，无打滑现象，并且送丝速度能在一定范围内均匀调节，其原理如图3-5所示。

焊丝从焊丝盘中出来，经校直轮校直后，由送丝滚轮和压紧轮的挤压产生的送丝力，使焊丝进入焊枪的导电嘴并输出，进行焊接工作。送丝的压紧力可以通过调节螺母来调节。图3-6为送丝机构。

汽车车身维修焊接实务

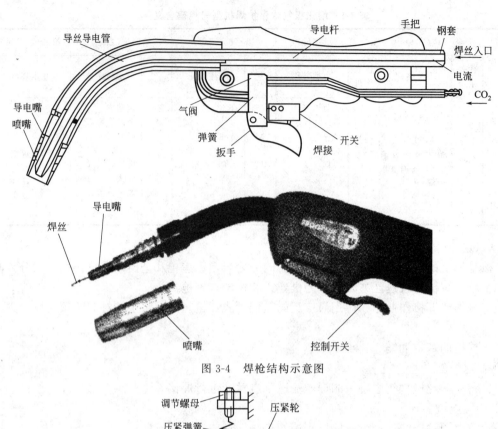

导丝导电管　导电杆　手把　钢套
焊丝入口
电流
CO_2
导电嘴
喷嘴
气阀
弹簧
扳手
开关
焊接

导电嘴
焊丝
喷嘴
控制开关

图 3-4　焊枪结构示意图

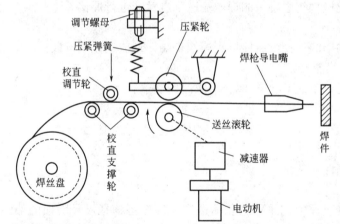

调节螺母　压紧轮
压紧弹簧　焊枪导电嘴
校直调节轮
校直支撑轮　送丝滚轮
焊丝盘　减速器
焊件
电动机

图 3-5　送丝机构原理示意图

图 3-6　送丝机构

8. CO_2 气体保护焊接供气系统

供气系统向焊枪提供纯净、有一定压力和流量的保护气体，保证焊枪喷嘴能形成稳定的保护气罩。供气系统一般由以下几个部分组成：

（1）CO_2 气瓶

气瓶是储存 CO_2 的气体的容器，按国家规定气瓶外表颜色应为银白色，并标注"二氧化碳"字样。瓶内储存的是液态二氧化碳，新灌气的瓶压约为 5MPa。

（2）预热器

预热器也称为加热器，对气瓶输出的 CO_2 气体进行加热，补偿液态 CO_2 气化时吸热和 CO_2 的气体体积膨胀时的降温。它可以有效地防止气体管路冻结。预热器的电压根据焊接设备不同其供电电压有 36V、110V 等，功率为 100～150W。

（3）减压器和流量计

减压器将气瓶输出的高压气体降至所需的压力，再向外输出。另外，减压器还有压力测量的作用，也称为压力表。流量计能够对 CO_2 气体流量进行测量和调节。

（4）干燥器

用于吸收二氧化碳气中的水分，提纯二氧化碳气。

目前，在使用中为了使气路结构简化，减小体积，降低成本，往往将预热器、减压器和流量计组合到一起成为一个组件，见图 3-7。

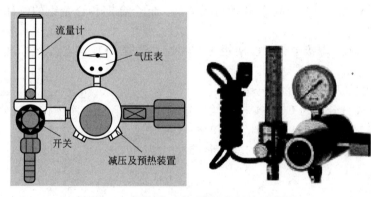

图 3-7 预热器、减压器、流量计组合件

9. 保护气体

根据保护气体的不同，焊接的应用范围也不同，见表 3-2。

表 3-2 不同类型保护气体的应用范围

保护气体类型	应用范围
CO_2	低碳钢、高强度钢板
CO_2＋Ar	低碳钢、高强度钢板、不锈钢
Ar	铝、铝合金

在进行车身板件焊接维修时，建议使用 80％Ar＋20％CO_2 的混合气体，以达到良好的焊接效果。

10. 焊丝

焊丝在焊接过程中起到电极、传导电流、填充金属等作用，有着很重要的地位。

（1）CO_2 气体保护焊对焊丝的要求

① 保证焊缝具有较高的机械性能。

② 应具有优良的焊接工艺性能，如焊接飞溅小、电弧稳定、焊缝不易出现气孔等缺陷。

③ 应具有良好的导电性能。

④ 应具有一定的硬度和刚性，使焊丝能均匀输送，保证电弧的稳定。

⑤ 应具有较高的防锈性能。

（2）焊丝的种类

CO_2 气体保护焊焊丝主要有两大类：实芯焊丝和药芯焊丝。

① 实芯焊丝即普通焊丝。

② 药芯焊丝是将焊丝制成细的管子，在管内装入包含稳弧剂、脱氧剂等的药粉，在焊接过程中解决焊接飞溅大等问题。

（3）焊丝型号和牌号

碳钢 CO_2 实芯焊丝的国家标准。

a. GB/T 3249—1994《焊接用细盘条》

b. GB/T 14957—1994《熔化焊用钢丝》

c. GB/T 14958—1994《气体保护焊用钢丝》

d. GB/T 8110—1995《气体保护焊用碳钢、低合金钢焊丝》

标准 a 非等效地采用了 JIS G3503（1980 版），是为焊丝制造业使用的原材料盘条规定标准。标准 b 和 c 代替了 GB 1300—1977《焊接用碳钢合金钢焊丝》。标准 d 非等效地采用了 ANSI/AWS A5.18—1993。c 和 d 是用于碳钢、低合金钢和合金钢的气体保护焊的冷拔钢丝的标准。

在车身 CO_2-MIG 焊接中，一般使用实芯焊丝，碳钢 CO_2 实芯焊丝标准型号编制命名如下：

① 按焊丝化学成分分类的型号编制法。

按焊丝化学成分分类的 CO_2 实芯焊丝型号编制（以下简称为按化学成分的型号编制）的依据是 GB/T 14957—1994 和 GB/T 14958—1994。

按焊丝化学成分的型号编制法的型号形式为：

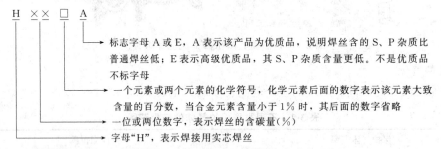

举例 1：常用的 CO_2 实芯焊丝 H08Mn2SiA 的型号含义如下：

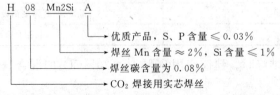

② 按熔敷金属力学性能分类的型号编制法。

按焊丝熔敷金属抗拉强度及化学成分分类的 CO_2 实芯焊丝型号编制的依据是 GB/T 8110—1995。

按熔敷金属力学性能编制的型号形式为：

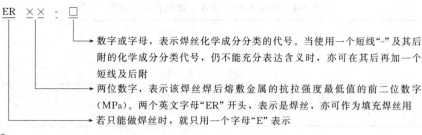

ER ×× - □

→ 数字或字母，表示焊丝化学成分分类的代号。当使用一个短线"-"及其后附的化学成分分类代号，仍不能充分表达含义时，亦可在其后再加一个短线及后附

→ 两位数字，表示该焊丝焊后熔敷金属的抗拉强度最低值的前二位数字（MPa）。两个英文字母"ER"开头，表示是焊丝，亦可作为填充焊丝用

→ 若只能做焊丝时，就只用一个字母"E"表示

举例 2：

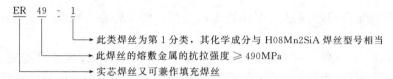

ER 49 - 1

→ 此类焊丝为第 1 分类，其化学成分与 H08Mn2SiA 焊丝型号相当

→ 此焊丝的熔敷金属的抗拉强度 ≥ 490MPa

→ 实芯焊丝又可兼作填充焊丝

举例 3：

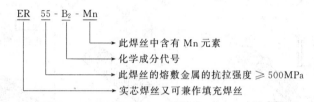

ER 55 - B$_2$ - Mn

→ 此焊丝中含有 Mn 元素

→ 化学成分代号

→ 此焊丝的熔敷金属的抗拉强度 ≥ 500MPa

→ 实芯焊丝又可兼作填充焊丝

11. CO$_2$ 气体保护焊接工艺参数

焊接工艺参数直接决定着焊接质量和生产效率，工艺参数被确定后，对应的焊接过程就形成了。所以在确定焊接工艺参数时要保证准确，一旦确定就不要随意变更。

（1）焊丝直径

焊丝直径与焊丝导电的电流密度有关。焊丝直径小，电流密度大，电弧燃烧稳定性高，也会使焊丝熔化速度加快。

焊丝直径与焊件板厚也有关。在选用时，可参考表 3-3。

表 3-3 焊丝直径与板厚的关系

焊丝直径/mm	0.5～0.8	1.0～1.4	1.6
板厚/mm	0.8～2.5	2～8	3～12

（2）焊接电流

焊接电流对母材熔入深度及焊丝的熔化速度有很大影响，另外，也对电弧的稳定性和焊接熔渣有影响。焊接电流越大，熔入深度和焊缝宽度也越大，见图 3-8。表 3-4 为焊接电流与板厚、焊丝直径的关系。

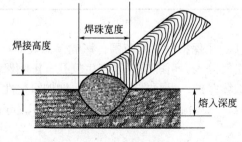

图 3-8 焊接熔深

表3-4 焊接电流与板厚、焊丝直径的关系

焊丝直径/mm	板厚/mm						
	0.6	0.8	1.0	1.2	1.4	1.6	1.8
0.6	20～30A	30～40A	40～50A	50～60A	—	—	—
0.8	—	—	40～50A	50～60A	60～90A	100～120A	—
1.0	—	—	—	—	60～90A	100～120A	120～150A

（3）电弧电压

CO_2 气体保护焊接的熔滴过渡形式是短路过渡，弧长较短。电弧的长度由电弧电压决定。

电弧电压过高时，电弧长度增大，焊接熔深减小，焊接飞溅大，电弧不稳定，焊缝成扁平状；电弧电压过低时，电弧长度减小，焊接熔深增大，起弧困难，焊缝成狭窄的圆拱状。不同的电弧电压形成的焊缝见图3-9。

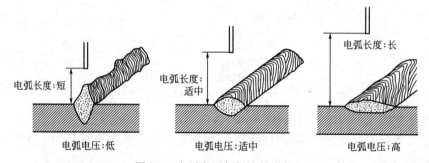

图3-9 电弧电压与焊缝的形状

（4）焊接速度

焊接速度直接影响焊缝成形，当其他参数不变时，焊接速度增加，会使焊缝熔深、熔宽、余高均减小。反之亦然。

过快的焊接速度，会使填充金属来不及填满边缘被熔化处，从而在焊缝两侧边缘处产生咬边；过慢的焊接速度，会使熔池中的液态金属溢出，流到电弧移动的前面，当电弧移动到此处时，电弧在液态金属表面燃烧，使焊缝熔合不良。

在焊丝直径、电弧电压、焊接电流选择后，焊接速度一般根据焊件的厚度来确定，见表3-5。

表3-5 焊接速度与板厚的关系

焊件板厚/mm	焊接速度/(cm/min)	焊件板厚/mm	焊接速度/(cm/min)
0.8	105～115	1.2	90～100
＞0.8	100	1.5	80～85

（5）气体流量

CO_2 气体流量的大小决定了保护气罩的范围，影响保护效果。

气体流量过低，会有空气侵入，可能使焊缝产生气孔，影响保护效果和焊缝质量；气体流量过高，会产生紊流，破坏保护，反而易产生气孔，增加氧化性，焊接飞溅加大。

在进行车身焊接作业时，气体流量一般选用范围为8～15L/min。

（6）焊枪倾斜角度

按焊接方向分类，可将焊接方法分为正向焊接和逆向焊接，见图3-10。正向焊接熔深较小，焊缝平整；逆向焊接熔深较大，并会产生大量熔敷金属。在使用两种焊接方法时，焊枪角度都应在 $10°\sim30°$ 之间，见图 3-11。

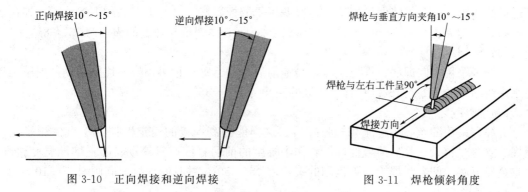

图 3-10 正向焊接和逆向焊接   图 3-11 焊枪倾斜角度

（7）焊枪导电嘴高度

焊枪导电嘴高度一般以 $7\sim15mm$ 最好，见图 3-12。高度越大，保护气体的有效保护范围就越小，保护效果就越差，焊缝易产生气孔；高度越小，保护效果越好，但不能过小，过小的高度会使保护气流冲击熔池和焊件表面，产生强烈气流反射，干扰保护或击穿气罩，降低保护效果，还会使焊枪的导电嘴和喷嘴内粘附许多金属飞溅颗粒，增加送丝阻力和影响保护气体的均匀流出，影响焊接效果。

（8）送丝速度

送丝速度较慢时，形成的焊接接头较平扁，焊接的反光亮度增强；送丝速度太快，焊丝不能充分熔化，并产生大量飞溅，焊接的反光为频闪弧光。

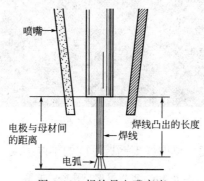

图 3-12 焊枪导电嘴高度

12. 运枪方向和焊接位置

按焊枪运动方向有左向焊法和右向焊法两种。采用右向焊法时，熔池可见度及气体保护效果较好，焊缝成形美观。缺点是焊接时不便观察接缝的间隙，容易焊偏。焊枪与焊件之间的夹角一般为 $60°\sim75°$。采用左向焊法时，能清楚地看到接缝，不易焊偏，且能获得较大的熔深，焊缝成形比较平整美观。因此，通常都采用左向焊法。

（1）平焊

平对焊接大多采用左向焊法。薄板平对接焊时，焊枪以直线运走为好。进行长焊缝焊接时，焊枪采用直线往复运动和作微量的摆动，但摆动幅度不宜过大，以免产生气孔，影响气体对熔池的保护作用。在厚板焊接时，焊枪可以适当地摆动或作螺旋形运走。

（2）立焊

按焊枪运动方向有上焊法和下焊法两种。上焊法由于铁水的重力作用，熔深较深。但焊

缝高而窄，成形不良，同时效率低。操作时适当作三角形摆动，可以控制熔宽，并可改善焊缝的成形。下焊法焊缝成形良好，生产效率高，焊接速度快，操作方便，但熔深较浅，若选择适当的焊接规范，仍能保证焊透，一般多用于薄板焊接。进行上焊法和下焊法时，焊枪与竖板和面板的夹角为45°～50°，并且应偏离竖板1mm，焊枪与焊缝的夹角为75°～85°。

（3）横焊

横焊多采用左向焊法，焊枪应作适当地前后直线运动，也可小幅度往复摆动。焊枪与焊缝水平线的夹角为5°～15°，并且与焊缝的夹角为75°～85°。

（4）仰焊

仰焊宜采用细丝、小电流和短弧焊接，这样能提高焊接的稳定性；CO_2 气体流量应比平焊、立焊时稍大一些。薄板件仰焊宜作小幅度的前后直线往复摆动；防止熔池温度过高，液态金属下淌。仰焊时焊枪与竖板间的夹角为45°～50°，并且向焊接方向倾斜5°～10°。

13. 焊接方法

常用的焊接方法有填孔焊、对接焊、搭接焊，根据车身部位和强度要求的不同，这三种方法可单独使用也可组合使用。

（1）填孔焊

填孔焊是重叠两块或多块钢板，填满上层钢板上的孔，将其焊接在一起的焊接方法，如图3-13所示。填孔焊适用于无法进行点焊的区域，或使用点焊而不能达到理想强度的区域。目前在我国车身维修中，常使用填孔焊代替点焊。

图3-13 填孔焊

为了达到良好的焊接强度，根据焊接钢板厚度的不同需要调节孔径的大小，见表3-6。

表3-6 钢板厚度与孔径的关系

钢板厚度	填孔直径	钢板厚度	填孔直径
0.7～1mm	5.0mm 或更大	1.7～2.0mm	8.0mm 或更大
1.0～1.6mm	6.5mm 或更大	2.4mm 或更大	10.0mm 或更大

（2）对接焊

对接焊是将两个相邻的钢板边缘靠在一起，沿着两个钢板相互配合或对接的边缘进行焊接的一种方法，如图3-14所示。对接焊用于钢板焊接时不允许重叠的区域，以钢板厚度15～30倍的间隔对钢板进行定点焊接后再进行主焊接。

（3）搭接焊

搭接焊是在重叠钢板上表面的棱边处进行焊接的一种方法，如图3-15所示。

搭接焊的焊缝为一种填角，焊条与焊接方向之间的角度一般取75°～85°。焊接时，焊条与下板表面之间的角度应随下板的厚度增加而增大，见图3-16。

图 3-14 对接焊

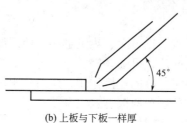

图 3-15 搭接焊

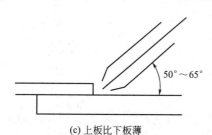

(a) 上板比下板厚 (b) 上板与下板一样厚

(c) 上板比下板薄

图 3-16 焊枪角度

搭接焊定点焊接应注意：

① 定点焊必须保证熔合良好，余高不能太高，焊缝的起头和收弧处应圆滑过渡，不能太陡，防止焊缝接头时两端焊不透；

② 定点焊缝的长度、余高和间距见表 3-7；

表 3-7 定点焊缝参数

焊件厚度/mm	定点焊缝余高/mm	定点焊缝长度/mm	定点焊缝间距/mm
≤4	<4	5～10	50～100
4～12	3～6	10～20	100～200
>12	>6	15～30	200～300

③ 定位焊缝不能焊在焊缝交叉处或焊缝方向发生急剧变化的地方，通常至少应离开这些地方 50mm；

④ 为防止焊接过程中焊件裂开，应尽量避免装配，必要时可增加定位焊缝的长度，并减小定位焊缝的间距；

⑤ 定位焊后必须尽快焊接，避免中间停顿时间过长，定位焊用焊接电流比正常焊接电流大 10%～15%。

14. 焊接缺陷

（1）焊缝形状尺寸超差

焊缝尺寸超差是指焊缝熔宽、余高等焊缝形状尺寸（见图 3-17）超出了规定值。

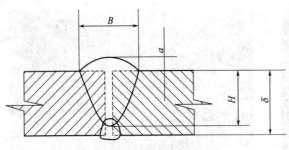

图 3-17　焊缝的形状尺寸

焊缝高低不平、宽窄不齐和偏离待焊处，不仅外形难看，还影响焊接质量，使焊缝的连接强度降低，应力集中，使焊件的使用安全性下降。

焊缝形状尺寸超差的主要原因有：

① 装配间隙不均；

② 焊接电流过大或过小；

③ 焊枪喷嘴高度过高；

④ 焊接速度不均；

⑤ 操作者不熟练。

（2）烧穿

烧穿是焊接能量过大、热量过高，使焊缝局部温度超过金属熔点，金属熔化，产生金属孔洞或较深的凹坑，见图 3-18。

烧穿破坏了焊缝的连接作用，应禁止出现。

产生烧穿的主要原因有：

① 焊接电流过大；

② 焊接速度过慢；

③ 焊缝根部间隙过大；

④ 焊接速度不均；

⑤ 操作者不熟练。

（3）咬边

咬边产生在焊缝金属与焊件金属的交界处、低于母材表面的凹陷或小槽沟。它是由于母材金属被电弧扫过产生了熔化而流失，使未被填充的金属表面形成了咬边，见图 3-19。

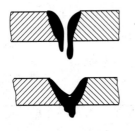

图 3-18　烧穿

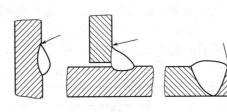

图 3-19　咬边

产生咬边的主要原因有：

① 焊接电流过大，焊接速度过快；

② 焊枪倾角不正确；

③ 电弧电压过高；

④ 送丝不均匀。

（4）焊瘤

焊瘤是熔池熔化的液态金属流淌到母材未熔化部位或已凝固的焊缝表面，形成金属堆积形成焊瘤，见图 3-20。

焊瘤影响焊缝美观，造成焊缝应力集中，另外，焊瘤底部往往有未焊透的缺陷出现。

产生焊瘤的主要原因有：

① 焊接电流太大，焊接速度太慢；

② 焊接电压过低；

③ 焊枪倾角不当；

④ 焊件钢板表面有较厚的锈层。

（5）焊接飞溅过大

焊接飞溅不可避免，但飞溅过大，则视为焊接缺陷。焊接飞溅过大，会污染焊缝表面，浪费焊接材料；另外，还会堵塞喷嘴，影响保护气体的均匀流出。

产生焊接飞溅过大的原因有：

① 焊接电压过高；

② 导电嘴磨损过度；

③ 焊丝及焊件表面未清理干净。

（6）未焊透

未焊透发生在焊缝与母材之间，由未能完全熔化的金属或液态金属流动不充分形成的，见图 3-21。

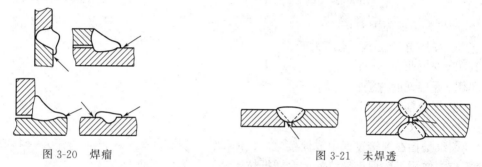

图 3-20　焊瘤　　　　　　　　　　　　　图 3-21　未焊透

未焊透处焊缝横截面积减小，并会产生应力集中，降低了焊缝的机械性能，应禁止出现。

产生未焊透的原因有：

① 焊接电流过小；

② 焊接速度过快；

③ 电弧电压过高；

④ 焊枪倾角不当。

（7）气孔

气孔是由存在于焊缝金属中的气体形成的空穴，见图 3-22。

有气体的焊缝处，焊缝有效横截面积减小，机械性能下降。气孔生成的原因是由于气体溶入熔池液态金属，在熔池温度下降时，液态金属对气体的溶解度下降，因此，气体要从液态金属中析出，析出的气体要从熔池中逸出，在焊缝金属凝固之后，没有逸出的气体存留在焊缝金属中，形成了气孔。

产生气孔的主要原因有：

① 保护气体纯度不高，混有杂质或水分过多；

② 气体流量选择不当；

③ 喷嘴高度太高；

④ 焊接的工作环境风速过大；

⑤ 焊接速度过快；

⑥ 焊接电压过高；

⑦ 焊件表面有油污、水、锈等杂质；

⑧ 喷嘴被堵，保护气体无法送出。

（8）夹渣

夹渣是焊接熔渣夹在焊缝的边缘或两层焊缝之间，见图3-23。夹渣能减小焊缝的有效工作面积，产生应力集中，降低焊缝机械性能，并影响焊缝外观。

内部气孔

表层气孔

图 3-22 气孔

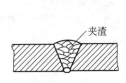

图 3-23 夹渣

产生夹渣的原因有：

① 焊接电流太小，电压太低；

② 焊枪倾角不当；

③ 焊接速度过慢；

④ 焊丝摆动过大。

（9）裂纹

裂纹是指在焊接过程中或焊接之后，焊件在焊缝或热影响区产生的开裂。主要是由于在焊接应力作用下，焊接裂纹处的金属抵抗不住应力的作用而形成。

产生裂纹的原因有：

① 焊件表面有油污、水、锈等杂质；

② 焊缝中含 C、S 量过高，含 Mn 量不足；

③ 焊缝熔深过大；

④ 收弧方法不当，产生了弧坑裂纹；

⑤ 焊接装配间隙过大。

 任务实施

项目一　后翼子板对接焊

1. 项目描述

在更换车身后翼子板时，需切割掉旧板，并将新板与车身板件对齐焊接在一起，使用填孔焊焊接板件边缘以前的点焊区域，使用对接焊焊接切割区域。本任务以翼子板的对接焊为例，通过完成该任务，分析 CO_2 气体保护焊对接焊的性质、工艺特性和适用范围，知道对接焊的操作流程，相关设备、工具的运用，完成后翼子板的对接焊的焊接施工，并动作规范，技能达标。

2. 设备工具及耗材

① CO_2 气体保护焊机；

② 单作用研磨机；

③ 皮带式研磨机；

④ 焊接夹钳；

⑤ 防护毯；

⑥ 尖嘴钳；

⑦ 锉刀；

⑧ 钢丝刷；

⑨ 风枪；

⑩ 后翼子板新板；

⑪ 试焊板；

⑫ 防锈剂。

3. 操作步骤

（1）板件定位

对齐板件，对接焊缝留约 0.5mm 间隙，保证后翼子板新板与车身板件表面平顺，使用焊接夹钳定位焊接板件，见图 3-24。

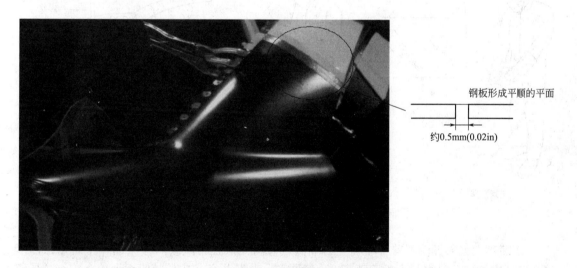

钢板形成平顺的平面

约0.5mm(0.02in)

图 3-24　板件定位

（2）磨除焊接部位漆膜等杂质

为了焊接顺利进行，用打磨机磨除焊接部位的漆膜、锈蚀等杂质，见图 3-25。在打磨过程中，注意不要打磨过度，以磨除漆膜为目的，不要过多打磨钢板，造成钢板厚度减少，影响钢板力学性能。

（3）清除打磨粉尘等杂质

先用风枪吹除粉尘等杂质，再用清洁的擦拭布蘸清洁剂擦拭被打磨表面，同时用另一块清洁的擦拭布立即将表面擦干。

（4）遮护

如图 3-26 所示，使用防护毯对焊接部位附近不需要焊接的表面进行遮护处理，防止焊接飞溅损伤非焊接表面。

图 3-25　磨除焊接部位漆膜等杂质　　　　　　　　图 3-26　遮护

（5）焊接喷嘴的调整

① 焊丝。如果焊丝的末端形成较大圆珠时，将难以产生电弧，所以必须使用尖嘴钳将焊线末端圆珠剪除［见图 3-27（c）］。剪除焊丝末端时，焊枪喷嘴应朝地面方向［见图 3-27（a）、（b）］。调整焊丝伸出喷嘴 5～8mm。

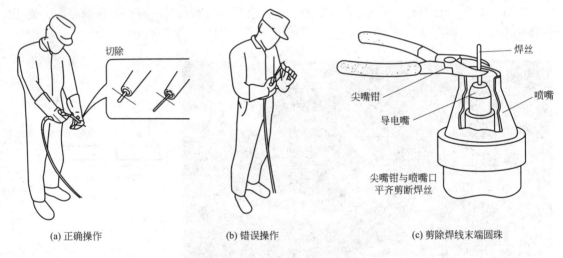

　（a）正确操作　　　　　　　（b）错误操作　　　　　　　（c）剪除焊线末端圆珠

图 3-27　用尖嘴钳剪除焊丝末端

② 喷嘴。如果焊渣附着于喷嘴上，隔离气体将无法正常流动。为保证焊接质量，需清除焊渣，方法为：从焊枪上拆下喷嘴，刮除焊渣，吹除焊渣，安装喷嘴至焊枪，喷涂防焊渣剂于喷嘴上。

③ 电极。如果焊渣附着于电极末端，则不能平顺地送丝，所以必须使用合适的工具清除焊渣。通常用锉刀清除焊渣，如图 3-28 所示。如果电极孔磨损（见图 3-29），将无法形成稳定的电弧，为保证焊接质量，必须更换电极。

（6）使用试焊板设定焊接工艺参数及试焊

步骤如下：

① 依焊接板件和环境情况设定焊接工艺参数。

② 以同样材质和厚度的试板进行试焊。

③ 观察焊珠情况。

④ 确认焊接工艺参数是否正确。

⑤ 重复调整参数直至焊珠符合要求。

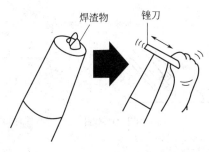

图 3-28　清除电极末端焊渣

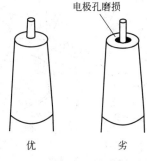

图 3-29　电极孔磨损

（7）定点焊接

将工件接缝对准，对焊接板件实施定点焊接，先定棱线，后定平面。实施定点焊接可使两片钢板先定位，并且可以减少主焊接产生的热变性。焊点间距是板厚的 15～30 倍，对于后翼子板厚为 0.8mm，焊点间距取板厚的 15 倍即 12mm，见图 3-30。

（8）研磨定点焊

使用皮带式研磨机研磨定点焊珠至板件平面。

（9）主焊接

定点焊接的焊珠将整个焊缝分成若干段，为防止焊接中产生的热变性，按分散热量的原则，以合理的顺序焊接每段焊缝，见图 3-31。在进行后翼子板对接焊时，主焊接通常先焊两侧弯折焊缝，从上往下焊接，后焊中间平面焊缝，以减少焊接热变形对板件的影响。

图 3-30　定点焊接

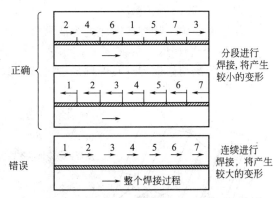

图 3-31　分段焊接顺序

焊接中以稳定的姿势移动，防止焊枪晃动。在焊接每段焊缝时，对准定点焊接的末端，间断地按焊枪开关，以焊珠连接定点焊接的点，见图 3-32。焊接薄钢板时，必须间断操作焊枪开关，见图 3-33。

（10）焊接质量检查

在操作中使用直径 0.8mm 焊丝，板件厚度 0.8mm，焊接质量检查可参考如下标准：

① 板件没有明显变形，边缘对齐无外露；

② 焊缝没有裂纹，没有孔洞，没有咬边，没有气孔；

③ 没有过多的飞溅；

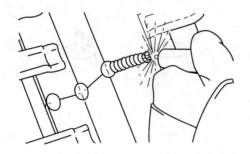

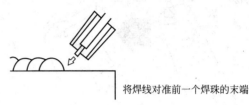

焊丝应对准前一个焊珠末端

将焊线对准前一个焊珠的末端

图 3-32　前后焊珠的连接

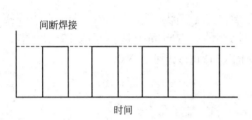

图 3-33　间断操作

④ 焊珠形状比较规则，大小均匀，间距均匀；

⑤ 焊缝完全填满；

⑥ 焊珠高度不超过 2mm；

⑦ 焊珠宽度 6mm 左右；

⑧ 背面熔深连续，熔深直径 2.5～3.0mm。

(11) 去除焊渣飞溅

使用钢丝刷去除焊接区域的焊渣飞溅。

(12) 研磨焊珠

使用研磨机研磨焊珠及焊珠周围区域至钢板表面高度为止，见图 3-34 和图 3-35。

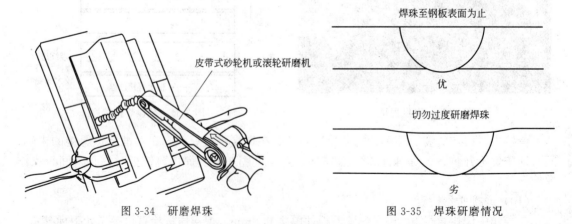

图 3-34　研磨焊珠　　　　　图 3-35　焊珠研磨情况

(13) 施涂防锈剂

　　在焊接过程中，焊接热量会损伤焊接钢板背面的防锈层，为保证钢板以后的使用性，需在焊接部位的背面施涂防锈剂，此程序在涂装作业后实施。

项目二 后翼子板填孔焊

1. 项目描述

在更换车身后翼子板时，使用填孔焊代替板件边缘以前的点焊。本任务以翼子板的填孔焊为例，通过完成该任务，分析 CO_2 气体保护焊填孔焊的性质、工艺特性和适用范围，知道填孔焊的操作流程，相关设备、工具的运用，完成后翼子板的填孔焊的焊接施工，并动作规范，技能达标。

2. 设备工具及耗材

① CO_2 气体保护焊机；

② 单作用研磨机；

③ 皮带式研磨机；

④ 焊接夹钳；

⑤ 防护毯；

⑥ 尖嘴钳；

⑦ 锉刀；

⑧ 钢丝刷；

⑨ 风枪；

⑩ 地板新板；

⑪ 试焊板；

⑫ 防锈剂。

3. 操作步骤

（1）板件定位

对齐板件，使用焊接夹钳定位焊接板件，参考图3-24。

（2）钻填孔焊孔

使用气动钻或打孔器钻孔，填孔焊孔的数量应为原有的点焊点的1.3倍，钻出或冲出的孔不应大于原点焊熔核的直径。后翼子板为非结构性板件，钻孔直径5mm。

外围装饰板件的填孔焊孔径通常为5mm，对于装饰板件如果孔径过大后面的打磨工作量很大，也易引起较大的热变形。但这个孔径对结构件上的填孔焊孔是不够的，为满足强度要求，大多数结构件上的填孔焊孔径应为6～8mm。结构性板件上的填孔焊孔径建议取8mm，非结构性板件填孔焊孔取5mm。

（3）整平板面

钻孔后，板件边缘会变形，在两块板件之间形成间隙，使用手锤和手顶铁整平变形板面。

（4）磨除焊接部位漆膜等杂质

参考项目一。

（5）清除打磨粉尘等杂质

参考项目一。

（6）遮护

参考项目一。

（7）焊接喷嘴的调整

参考项目一。

（8）使用试焊板设定焊接工艺参数及试焊

参考项目一。

（9）填孔焊

① 将焊枪竖立起来，焊枪与板件的角度基本成90°，见图3-36。

② 调整好焊接姿势，保证能够斜向观察焊枪的末端，见图3-37。

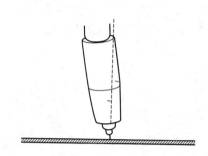

图3-36 焊枪竖立状

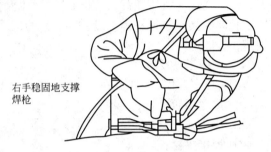

右手稳固地支撑焊枪

图3-37 焊接姿势

③ 一枪填满每个填孔焊孔。每焊一个孔之前，用焊接夹钳加紧焊孔两边，保证焊接时焊孔区域的两块板之间没有间隙。

对于较小孔径，直径约5mm，见图3-38。

a. 将焊线对准孔的中央。

b. 扳动焊枪开关。

c. 填满孔口。

d. 松开焊枪开关。

对于较大孔径，直径约8mm，见图3-39。

a. 将焊线对准孔的边缘。

b. 扳动焊枪开关。

c. 沿孔口周围缓慢移动焊枪，填满孔口。

d. 松开焊枪开关。

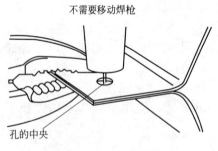

不需要移动焊枪

孔的中央

图3-38 较小孔填孔操作

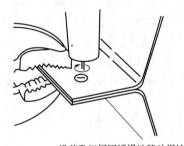

沿着孔口周围缓慢地移动焊枪

图3-39 较大孔填孔操作

焊接效果见图3-40。

（10）焊接质量检查

在操作中使用直径0.8mm焊丝，板件厚度0.8mm，直径5mm的孔，焊接质量检查可参考如下标准：

① 没有裂纹；

图 3-40　填孔焊焊接效果

② 孔完全填满；

③ 没有咬边；

④ 焊珠高度不超过 2mm；

⑤ 焊珠直径 8mm；

⑥ 无烧穿；

⑦ 熔深直径 2.5～3.0mm。

（11）研磨焊珠

参考项目一。

（12）施涂防锈剂

参考项目一。

项目三　车身地板搭接焊

1. 项目描述

本任务以车身地板的搭接焊为例，通过完成该任务，分析 CO_2 气体保护焊搭接焊的性质、工艺特性和适用范围，知道搭接焊的操作流程，相关设备、工具的运用，完成后翼子板的搭接焊的焊接施工，并动作规范，技能达标。

2. 设备工具及耗材

① CO_2 气体保护焊机；

② 单作用研磨机；

③ 皮带式研磨机；

④ 焊接夹钳；

⑤ 防护毯；

⑥ 尖嘴钳；

⑦ 锉刀；

⑧ 气动钻或打孔器；

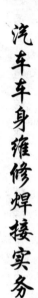

⑨ 风枪；

⑩ 后翼子板新板；

⑪ 试焊板；

⑫ 防锈剂。

3. 操作步骤

（1）磨除焊接部位漆膜等杂质

参考项目一。

（2）清除打磨粉尘等杂质

参考项目一。

（3）遮护

参考项目一。

（4）板件定位

按搭接焊要求，使用大力夹钳定位焊接板件，两板重叠部分的长度至少为两板厚度之和的2倍。注意要使后部地板搭接在前板上，汽车下部的地板的边缘总是向后方。这样，从前向后运动的道路飞溅物会从底部边缘流出而不会迎面撞上，见图3-41。

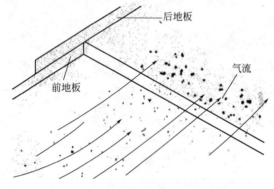

图 3-41　搭接焊板件定位

（5）焊接喷嘴的调整

参考项目一。

（6）使用试焊板设定焊接工艺参数及试焊

参考项目一。

（7）定点焊接

对焊接板件实施定点焊接。实施定点焊接可使两片钢板先定位，并且可以减少主焊接产生的热变形，见图3-42。

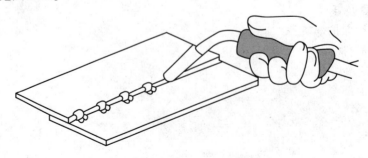

图 3-42　定点焊接

焊接时，将电弧引入下层的金属板，并使熔融金属流入上层金属板的边缘。参考表 3-7，焊缝余高小于 4mm，焊缝的起头和收弧处应圆滑，过渡不能太陡，防止焊缝接头时两端焊不透。定点焊缝长度 5mm 左右，焊缝间距 50mm 左右。

（8）主焊接

定点焊将整个焊缝分成若干段，为防止热变形，主焊接时，应按合理的顺利焊接每段焊缝，可参见任务一中的焊接顺序。

① 引弧

按下焊枪上的控制开关，焊机自动提前送气，延时接通电源，保持高电压，慢送丝，当焊丝碰撞焊件短路后，自动引燃电弧。短路时，焊枪有自动顶起的倾向，所以在引弧时要稍用力下压焊枪，防止焊枪抬起太高，电弧太长而熄灭。

② 运条

车厢地板搭接焊有上、下两条焊缝，根据焊缝的位置，分别为平焊和仰焊。

平焊时，容易在上板边缘产生咬边，也容易产生焊偏，造成未焊透。所以，要掌握好焊接角度和运条方法，焊枪与下板表面的角度应偏向板厚的一侧，地板钢板比较薄，使用直线运条法进行单层焊接，见图 3-43。

图 3-43　搭接焊主焊接

仰焊时，熔化金属在重力作用下，容易流下，熔池形状和位置不易控制，容易出现未焊透、凹陷缺陷，表面不易焊得平整。焊接时，必须正确选择焊接电流，减少熔池面积，尽量维持最短的电弧，有利于熔滴在很短的时间内过渡到熔池中，促使焊缝成形。

③ 收弧

焊接结束前须收弧，若收弧不当，容易产生弧坑并出现弧坑裂纹、气孔等缺陷。操作时可采取以下措施：

a. 焊机带有弧坑控制电路，焊枪在收弧处停止前进，同时接通此电路，焊接电流与电弧电压自动变小，待熔池填满时断电。

b. 若焊机没有弧坑控制电路，或因焊接电流小没有使用弧坑控制电路时，在收弧处焊枪停止前进，并在熔池未凝固时，反复断弧、引弧几次，直到弧坑填满为止。操作时动作要快，若熔池已凝固才引弧，则可能产生未熔合、气孔等缺陷。

无论采用哪种方法收弧，操作时均需特别注意。收弧时，焊枪除停止前进外，不能抬高喷嘴，即使弧坑已填满，电弧已熄灭，也要让焊枪在弧坑处停流几秒后才能移开，因为灭弧后，控制电路仍延迟送气一段时间，以保证熔池凝固时能得到可靠的保护，若收弧时抬高焊枪，则容易因保护不良引起缺陷。

④ 焊接应力与变形的处理

在进行搭接焊主焊接时，采用了合理的焊接顺序，在一定程度上减少了焊接应力和焊接变形。但地板焊接焊缝较长，更容易产生焊接变形，除了采用合理的焊接顺序外，还需要在每焊完一道焊缝后，在焊缝冷却的同时锤击焊缝及周边区域，减小焊接残余应力，从而减少

钢板的变形。

（9）填孔焊

搭接焊缝完成后，为了加强焊缝的力学性能，一般还需在搭接区域中沿搭接的边缘进行填孔焊，如图3-44所示，参考项目二。

填孔焊孔径为8mm，焊接时产生的焊接热量也较大，为了使焊缝上热量分布均匀，在焊接时采用合理的焊接顺序预防焊接变形。填孔焊位置为仰焊位置，孔径较大，从孔边缘区域引弧，焊枪移动速度要快，以防熔化金属下滴，并保持较低的焊接弧长。移动速度要均匀、合适，否则容易出现填孔焊孔未填满、填孔焊表面不平整现象。

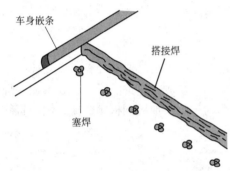

图3-44　塞焊搭接

⑧ 背面熔深宽度0～5mm。

（10）焊接质量检查

在操作中使用直径0.8mm焊丝，板件厚度1mm，焊接质量检查可参考如下标准：

① 钢板没有明显变形；

② 没有裂纹，没有孔洞，没有咬边；

③ 没有过多的飞溅；

④ 焊珠形状比较规则，大小、间距均匀；

⑤ 焊缝完全填满；

⑥ 焊缝宽度5～10mm；

⑦ 没有烧穿；

（11）焊缝部位处理

根据地板焊缝的使用环境，需对焊缝进行防锈、防腐、密封处理。在搭接焊缝区域施涂底漆、薄层保护层及外涂层，见图3-45。

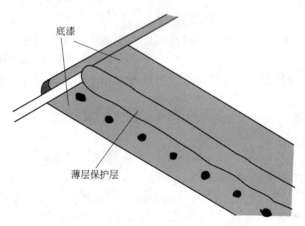

图3-45　焊缝部位处理

底漆有助于保护层黏合，外涂层起保护作用，保证没有一氧化碳通过接缝进入乘员舱。

 学习评价

1. 理论考核

（1）分析题

① 简述CO_2气体保护焊接设备的组成及工作原理。

② 简述 CO_2 气体保护焊接工艺参数对焊接质量的影响。

③ 简述 CO_2 气体保护焊接缺陷及原因分析。

（2）判断题

① 进行 CO_2 气体保护焊时，尽量调大保护气的流量，因为气流越大，保护效果越好。

（　　）

② 在进行一个填孔焊时，可进行多次焊接。（　　）

③ CO_2 气体保护焊机焊枪导电嘴的尺寸必须与焊丝直径尺寸匹配。（　　）

（3）选择题

① 进行 CO_2 气体保护焊时，下列哪项操作不会使板件容易产生变形？（　　）

A. 使用大电流　　　　　　　　　　B. 使用分段焊接

C. 放慢焊接速度　　　　　　　　　　D. 以上都不对

② 对 1mm 钢板进行填孔焊时，孔的直径一般是（　　）mm。

A. 5　　　　　　B. 8　　　　　　C. 10　　　　　　D. 12

③ 进行 CO_2 气体保护焊时，随着电流的增大，焊缝有哪些变化？（　　）

A. 焊缝变宽，熔深加大　　　　　　B. 焊缝变宽，熔深减小

C. 焊缝变窄，熔深加大　　　　　　D. 以上都不对

2. 技能考核

项目一　后翼子板对接焊见表 3-8。

表 3-8　车身后翼子板对接焊

基本信息	姓名		学号		班级		组别	
	规定时间		完成时间		考核时间		总评成绩	

任务操作	序号	步骤	完成情况		标准分	评分
			完成	未完成		
	1	考核准备 设备与工具 相关表格			10	
	2	操作流程			5	
	3	操作规范			5	
	4	操作技巧			5	
	5	焊接前板件处理			5	
	6	CO_2 焊机调整			5	
	7	CO_2 焊参数调整			10	
	8	定点焊接和主焊接顺序			5	
	9	CO_2 焊焊接质量检查			5	
	10	综合素质			5	
沟通能力					10	
掌控能力					10	
技术能力					10	
熟练程度					10	

项目二　后翼子板填孔焊见表 3-9。

表 3-9　后翼子板填孔焊

基本信息	姓名		学号		班级		组别	
	规定时间		完成时间		考核时间		总评成绩	
任务操作	序号	步骤	完成情况			标准分	评分	
			完成	未完成				
	1	考核准备 设备与工具 相关表格				10		
	2	操作流程				5		
	3	操作规范				5		
	4	操作技巧				5		
	5	焊接前板件处理				5		
	6	焊机调整				5		
	7	焊参数调整				10		
	8	填孔焊焊接顺序				5		
	9	焊接质量检查				5		
	10	综合素质				5		
沟通能力						10		
掌控能力						10		
技术能力						10		
熟练程度						10		

项目三　车身地板搭接焊见表 3-10。

表 3-10　车身地板搭接焊

基本信息	姓名		学号		班级		组别	
	规定时间		完成时间		考核时间		总评成绩	
任务操作	序号	步骤	完成情况			标准分	评分	
			完成	未完成				
	1	考核准备 设备与工具 相关表格				10		
	2	操作流程				5		
	3	操作规范				5		
	4	操作技巧				5		
	5	焊接前板件处理				5		
	6	焊机调整				5		
	7	焊参数调整				10		
	8	定点焊接和主焊接顺序				5		
	9	焊接质量检查				5		
	10	综合素质				5		
沟通能力						10		
掌控能力						10		
技术能力						10		
熟练程度						10		

学习任务四

电阻点焊焊接

 知识准备

1. 电阻点焊的基本原理

电阻点焊是利用低电压、大电流流过夹紧在一起的两块金属板时产生的大量电阻热，并用焊枪（焊炬）电极的挤压力把钢板熔合在一起，如图 4-1 所示。

2. 电阻点焊的特点

（1）优点

① 因是内部热源，热量集中，加热时间短，在焊点形成过程中始终被塑性环包围，故电阻点焊冶金过程简单，热影响区小，变形和应力很小，易于获得质量较好的焊接接头。焊后不必校正和热处理。

② 焊接速度快，只需 1s 甚至更短时间便可焊接 1 个焊点，不同材质的钢板焊接时受热范围小，焊接强度高，金属不易变形，焊接效率高。

③ 除消耗电能外，电阻点焊不需要消耗焊丝、焊条和气体等，因此材料成本较低。

④ 与铆接结构相比，质量轻，结构简化，易于焊接形状比较复杂的构件。减轻结构质量不但节省金属，还能改进结构承载能力，减少动力消耗，提高运行速度。

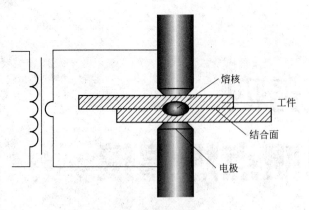

图 4-1 电阻点焊原理

⑤ 操作简便，焊接时不必去除一些金属保护层，不必对焊缝进行特殊处理，能有效地保护金属焊件，易于实现机械化、自动化、减轻劳动强度。

⑥ 改善劳动条件和工作环境，焊接过程不产生气体、焊渣、蒸汽，对环境污染小。

⑦ 表面质量好，易于保证气密性。采用点焊或缝焊装配，可获得较好的表面质量，避免金属表面的损伤。焊点外形美观，点焊焊点与汽车制造过程中的焊点外观相同。

（2）缺点

① 由于焊接在短时间内完成，需要用大电流及高电极压力，因此焊机功率要大，其价格比一般弧焊机贵数倍至数十倍。成本高，维修困难。

② 灵活性、方便性不如焊条电弧焊机等。

③ 焊件的尺寸、形状、厚度受到设备条件的限制。

④ 目前尚缺少简单而又可靠的无损伤检验方法。

⑤ 两板间熔核周围易形成尖角，导致抗拉强度和抗疲劳强度较低。

3. 电阻点焊在车身中的应用

点焊在国外汽车车身维修中应用非常广泛，因其与汽车制造过程中的整体式车身焊接方法相同，可以最大限度地保证维修质量，在国内点焊用于汽车车身维修才刚刚开始。

电阻点焊在汽车生产中应用最多，一般卡车的车身焊接点数为 3500～4500 个，轿车车身平均 8000～12000 个，厢式汽车（面包车、客货两用车）为 8000～10000 个，在车身制造中占到 75%。

电阻点焊非常适用于高强度的车身和承载式车身薄板件的焊接，因为这些板件要求具有高强度和不变形的焊接方法。目前许多汽车制造厂在汽车的随车维修手册中都特别指出要求用电阻点焊来修理承载式汽车车身。

4. 电阻点焊机的基本结构

电阻点焊机的部件一般包括变压器、控制器、带有可互换电极臂和电极头的焊枪（焊炬），如图 4-2 所示。

（1）变压器

变压器就是将初级电压为 220V 或 380V 的电源，转变成为只有 2V 或 5V 的次级电压，避免高电压电流焊接时可能造成的人身电击伤害。小型点焊机的变压器一般连接在焊炬上，常用的点焊机的变压器一般安装在主机上，通过电缆与焊炬连接。安装在焊炬上的变压器电效率高，变压器与焊炬之间的焊接电流消耗较少；焊炬与变压器分离的点焊机的变压器功率必须大，而且还要使用较大的电流，以补偿变压器与焊炬之间的电缆电阻所造成的电力能

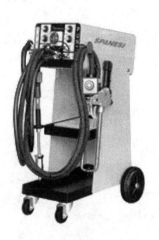

图 4-2　电阻点焊机

耗。当使用加长型电极臂时，高电流也会因臂的长度增加而降低，因此，在焊接时应及时调整焊机上的控制器，补偿相应的电能消耗。

① 变压器的特点

由于电阻点焊工艺的特殊要求，电阻点焊用电源变压器与常用变压器和弧焊变压器有所不同，它具有如下特点：

a. 电流大、电压低。电阻点焊是用电阻热作为热源，由于焊件和焊机的电阻都很小（一般小于 $100\mu\Omega$），因而必须有足够大的电源才能获得应有的热量。常用焊接电流为 2～40kA，铝合金构件点焊可用到更大的电流（150～200kA）。因焊件和焊接回路电阻均在微欧数量级范围内，故变压器二次侧电压不高，固定式焊机通常在 10V 以内，悬挂式焊机因焊接回路长、范围宽，二次侧电压达 24V 左右。由于电阻点焊要求焊接电流大、电压低，电阻点焊用变压器二次绕组仅采用 1 匝（悬挂式或长机臂焊机采用两匝），故电阻焊机焊接回路导体尺寸比较大，并要求强制冷却。

b. 功率大、可调节。因焊件电阻小，焊接电流大，故电阻点焊变压器容量皆大于 50kW，大功率焊机变压器达 1200kW。焊接不同焊件时，因材料物理性能、断面尺寸等不同，因而要求功率也不同。由于变压器二次绕组仅 1 匝或 2 匝，因此只能改变变压器一次绕组匝数，以改变焊接功率。一般将一次绕组分组，按功率大小分成 4、8、16、20 级等不同功率级数，倒数第二级为额定功率级，而最后一级留作网压不足时补偿之用。

c. 工作不连续、无空载运行。一般情况下，电阻点焊变压器的开关置于一次绕组与电源线之间，将一次绕组接入电路前，焊件已被压紧在电极之中，焊接回路已闭合。电源一旦接通，变压器便在负载状态下运行，故一般无空载状态。焊接时，焊件装卸、夹紧、焊接位置移动和焊接循环的顶压、焊接、保持、休止等程序，一般都不需要接通电源。因此，电阻点焊变压器通电时间多是断续的。在工作间断时，变压器得以冷却，因而在功率相同情况下，可减少变压器尺寸。

② 变压器的功率调节

电阻点焊变压器通常采用改变一次绕组匝数来获得不同的二次电压（二次绕组如有 2 匝，也可用改变二次匝数作为辅助调节）。如果焊接回路阻抗不变，略去一些损失不计，改变一次绕组匝数 N_1，则使二次电压 U_2 变化，从而改变了焊接电流 I_2，即：

$$\frac{U_1}{U_2}\approx\frac{N_1}{N_2}=K$$

式中　U_1——一次绕组电压；
　　　U_2——二次绕组电压；
　　　N_1——一次绕组匝数；
　　　N_2——二次绕组匝数；
　　　K——变压比。

由于二次绕组匝数 $N_2=1$，

故

$$U_2 \approx \frac{U_1}{N_1}$$

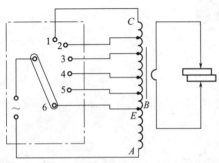

图 4-3　变压器分级调节原理

小功率电阻焊变压器分级调节方法如图 4-3 所示。当接线由 1 级变至 2～6 级时，因所用匝数不同，故焊机功率变化，即焊接电流变化。

（2）控制器

控制器可调节变压器输出焊接电流的强弱和电压的高低，并可以调节出精确的焊接电流通过的时间，在焊接时间内，焊接电流被接通并通过被焊接的金属板，然后电流被切断。焊接时所需电流的大小，应由需要焊接的金属板的厚度和电极臂的长度来决定，当使用较短的焊极臂时，应减小焊接电流，当使用加长的电极臂时，必须增大焊接电流。

（3）焊枪

焊枪是通过电极臂向被焊金属施加挤压力，并输出焊接电流，将电极压紧部位熔化，如图 4-4 所示。

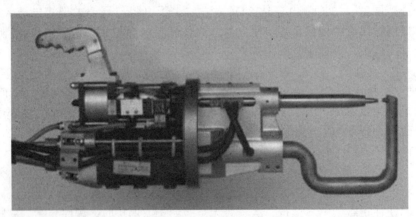

图 4-4　焊枪

① 加压机构

大多数电阻点焊机都带有一个加压机构，可以产生很大的电极压力来稳定焊接质量，加压机构多采用气动夹紧装置。有的小型挤压型电阻点焊机不具备加力机构，是完全靠操作人员的手来控制压力的大小，它只适用于单面点焊。

为了保证焊接质量，加压机构应满足下列要求：

a. 加压机构刚性要好，不致在加压中因机臂刚性不足而发生挠曲，或因导柱失去稳定而引起上下电极错位；

b. 加压、消压动作灵活、轻便、迅速；

c. 加压机构应有良好的工艺性，适应焊件工艺特性的要求；

d. 焊接开始时，能快速地将预压力全部压上，而焊接过程中压力应稳定，焊件厚度变化时，压力波动要小。

② 电极头

电极头工作条件复杂，其寿命与焊接质量首先由材料决定。电极头材料应满足下列要求：

a. 在高温与常温下都有合适的导电、导热性；

b. 有足够的高温强度和硬度；

c. 常温与高温下具有高的抗氧化能力，并且与焊件材料形成合金倾向小；

d. 加工制造方便，价格便宜。

不同焊件材料与结构，对电极材料性能要求并不一致。对合金钢，特别是高温合金要求电极材料的主要性能是热强度稳定性；对轻合金则是导电性、导热性，突出了不同情况下的主要要求，以作为选择电极材料的依据。

电极材料主要是加入 Cr、Cd、Be、Al、Zn、Mg 等合金元素的铜合金来加工制作的。

车身修理所使用的大多数焊枪随着焊臂的加长，焊接压力会减小，焊接质量会下降。当配备 100mm 或更短的缩短型电极臂时，其最大焊接能力达两层 2.5mm 厚的钢板。一般要求配有加长型或宽距离电极臂的焊接机至少可焊接两层 1mm 厚的钢板。

③ 电极臂

用于整体式车身修理的电阻点焊机可带有全范围的可更换电极臂（图 4-5）装置，能够

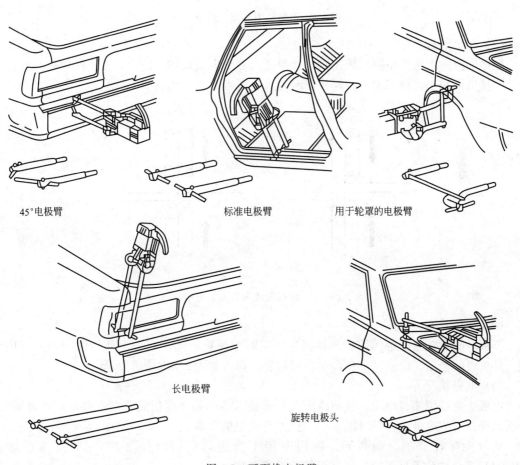

图 4-5 可更换电极臂

焊接车身上各个部位的板件。各种电极臂的选用可以焊接汽车上的大多数难以焊接的部位，例如轮口边缘、流水槽、后灯孔、地板、车门槛板、窗洞、门洞和其他焊接部位。修理人员在修理车身焊接作业时，应查阅修理手册，寻找合适的专用电极臂，以便对汽车上难以焊接的部位进行焊接。

5. 电阻点焊焊接工艺参数

（1）电极压力

两钢板之间的焊接机械强度与焊枪电极施加在两钢板上的力有直接关系，如图 4-6 所示。焊枪电极压力太大会引起焊点过小，焊点熔池过深产生变形不能达到焊接质量，降低焊接部位的机械强度；压力过小则会使焊合部出现裂纹和气孔不能达到焊接强度。

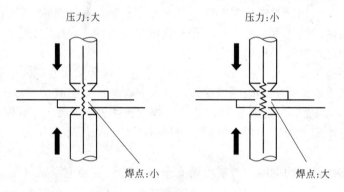

图 4-6　电极压力对焊点的影响

（2）焊接电流

焊接电流太大会产生内部溅出物。如果适当减小电流或增加压力，便可使焊接溅出物减少。焊接电流越小，焊点越小；焊接电流越大，焊点越大，如图 4-7 所示。

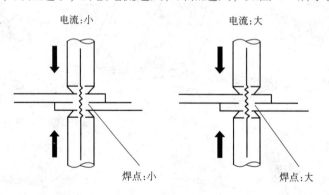

图 4-7　焊接电流对焊点的影响

（3）焊接时间

焊接时间太短会使金属熔合不够紧密，实际的焊接时间不可少于使用说明书上的规定值。焊接时间越短，焊点越小；焊接时间越长，焊点越大，如图 4-8 所示。

（4）电极状况

电极头直径增加，焊点直径将减小。电极头直径小到一定值后，焊点直径将不再增大。必须选择适当的电极头直径（图 4-9），以获得理想的焊点。

电极头存在磨损、杂质时，应用专用工具进行研磨（图 4-10）。电极头没对正（图 4-11），会导致不良焊接，应在焊接前进行调整。

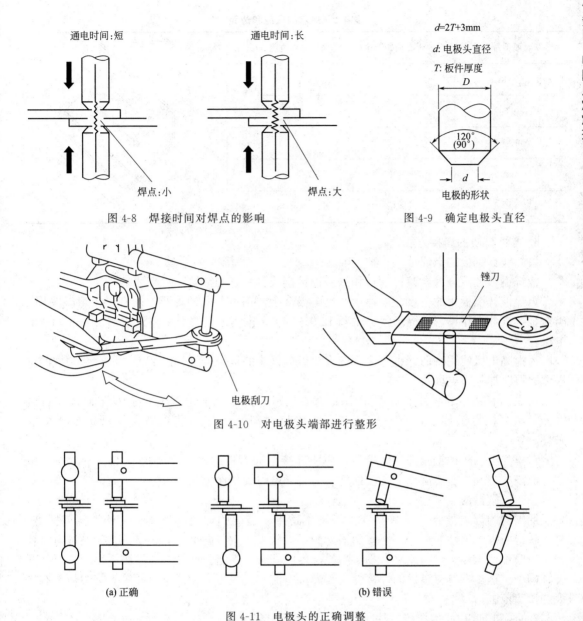

图 4-8　焊接时间对焊点的影响

图 4-9　确定电极头直径

图 4-10　对电极头端部进行整形

(a) 正确　　　　　　　(b) 错误

图 4-11　电极头的正确调整

（5）焊点的间距和边距

点焊的强度取决于焊点的间距（两个焊点之间的距离）和边距（焊点到金属板边缘的距离）。两层金属板之间的结合力随着焊接间距的缩小而增大。焊点间距小到一定程度后如果再减小，板件的连接强度也不会再增大，因为电流会流向以前的焊点。随着焊点数量的增加，电流分流也会增多，而这种分流出的电流又不会使原先焊接处的温度升高。因此，焊点的间距大小应控制在不致形成支路电流的范围内。即使焊接情况正常，如果焊点边距不够大，也会降低焊点强度。如果距离过小，将会降低焊接强度并引起金属板变形。

电阻点焊时焊接间距和边距可按表 4-1 来选取。

（6）焊点的数量

车身维修用的点焊机功率一般小于制造厂的点焊机，因此，和制造厂的点焊相比，车身维修中进行点焊时，应将焊点数量增加 30%。

表 4-1　焊点的间距和边距

板材厚度/mm	S 焊点间距/mm	P 焊点边距/mm
0.4	≥11	≥5
0.8	≥14	≥5
1.0	≥17	≥6
1.2	≥22	≥7
1.6	≥30	≥8

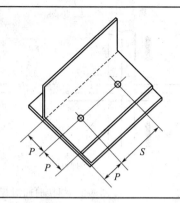

6. 各种材质的焊接方法

(1) 镀锌钢板的点焊

镀锌钢板大致分为电镀锌钢板和热浸镀锌钢板，前者的镀层比后者薄。

点焊镀锌钢板用的电极，推荐用 2 类电极合金。相对点焊外观要求很高时，可以采用 1 类合金。推荐使用锥形电极形状，锥角 120°～140°，推荐采用端面半径为 25～50mm 的球面电极。

为提高电极使用寿命，也可采用嵌有钨极电极头的复合电极，以 2 类电极合金制成的电极体，可以加强钨电极头的散热。

对表面有镀层的零件点焊时，由于镀层金属的物理化学性能不同于零件金属本身的性能，必须根据镀层性能选择点焊设备、电极材料和焊接工艺参数，尽量减少镀层的破坏。

对车身上的防锈钢板进行焊接时，应将焊接普通钢板的电流强度提高 10%～20%，以弥补电流的损失。若无法调节电流强度，可将通电时间稍作延长。

(2) 低碳钢的点焊

低碳钢的含碳量低于 0.25%，其电阻率适中，需要的焊机功率不大，塑性温度区宽，易于获得所需的塑性变形而不必使用很大的电极压力。碳与微量元素含量低，无高熔点氧化物，一般不产生淬火组织或夹杂物。结晶温度区间窄、高温强度低、热膨胀系数小，因而开裂倾向小。这类钢具有良好的焊接性，其焊接电流、电极压力和通电时间等工艺参数具有较大的调节范围。

7. 不等厚度材质的焊接方法

当进行不等厚度的材料点焊时，熔核将不对称于其交界面，而是向厚板或导电、导热性差的一边偏移，偏移的结果将使薄件或导电、导热性好的工件焊透率减小，焊点强度降低。熔核偏移是由两工件产热和散热条件不相同引起的。厚度不等时，厚件一边电阻大、交界面离电极远，故产热多而散热少，致使熔核偏向厚件。

调整熔核偏移的原则是：增加薄板或导电、导热性好的工件的产热，而减少其散热。常用的方法有：

① 使工件间接触电阻产热的影响增大，电极散热的影响降低。电容储能焊机采用大电流和短的通电时间就能焊接厚度比较大的工件就是明显的例证。

② 采用不同接触表面直径的电极，在薄件或导电、导热性好的工件一侧采用较小直径，以增加这一侧的电流密度，并减少电极散热的影响。

③ 采用不同的电极材料，薄板或导电、导热性好的工件一侧采用导热性较差的铜合金，

以减少这一侧的热损失。

④ 采用工艺垫片，在薄件或导电、导热性好的工件一侧垫一块由导热性较差的金属制成的垫片（厚度为 0.2～0.3mm），以减少这一侧的散热。

8. 常见焊接缺陷及原因分析

（1）焊点太小

焊点直径太小。

原因：电流不足；压力过大；电流施加时间不足。

（2）喷溅

熔融金属从钢板之间的间隙中溅出，如图 4-12 所示。

原因：电流过大；压力不足；钢板之间的间隙中有异物；焊接接头太尖。

（3）表面毛边

熔融金属从电极端部和钢板之间的间隙中溅出。

原因：焊接压力对应的电流过大；焊接极头的直径太小。

（4）气孔

焊点内有空气，如图 4-13 所示。

原因：压力不足；焊接极头的直径太大；压力持续时间不足。

图 4-12　喷溅

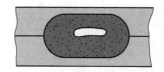
图 4-13　气孔

（5）龟裂

焊点内侧龟裂，如图 4-14 所示。

原因：压力不足；焊接极头的直径太大；压力持续时间不足。

（6）凹陷

电极端部施加压力时产生的凹陷，如图 4-15 所示。

原因：电流过大；压力过大；焊接极头的直径太小。

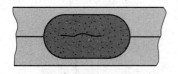
图 4-14　龟裂

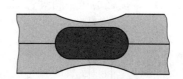
图 4-15　凹陷

（7）飞溅（穿孔）

熔融金属从焊接区域飞溅出来，并在钢板上留下一个孔，如图 4-16 所示。

原因：电流过大；压力过小。

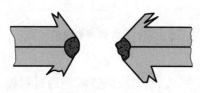
图 4-16　飞溅

 任务实施

项目 **板件双面点焊焊接**

1. 项目描述

在进行车身焊接维修时，点焊通常位于板件的边缘部位。点焊时，将两块板件边缘对齐，并重叠固定实施点焊操作。焊接电流、压力、通电时间、电极状况、板件表面质量、焊点的间距和边距、焊点的数量等焊接参数都会对焊接质量产生影响。

2. 设备工具及耗材

(1) 点焊机；

(2) 电极刮刀；

(3) 锉刀；

(4) 焊接夹钳；

(5) 钣金锤；

(6) 滚轮式研磨机；

(7) 风枪；

(8) 1mm厚冷轧板；

(9) 擦拭纸；

(10) 点焊专用防锈漆。

3. 操作步骤

(1) 消除焊件表面间隙

检查两焊件表面之间是否有间隙，如有间隙，需用钣金锤进行修整。

焊接时，两个焊件表面之间如果留有任何间隙，都会导致电流导通不良，影响电流的通过，如图4-17所示，尽管不消除这种间隙也能进行焊接，但是焊点面积变小，造成焊接强度不足。所以焊接之前应当将焊件表面整平，消除这一间隙，并用夹钳将焊件牢牢地夹紧。

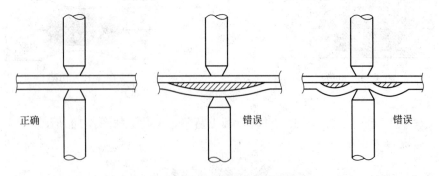

正确　　　　　　　错误　　　　　　　错误

图4-17　工件焊接表面的间隙

(2) 磨除焊接区域旧漆膜

把焊接区域的旧漆膜打磨掉，以使电流能够顺利通过钢板，从而达到更好的焊接效果，如图4-18所示。

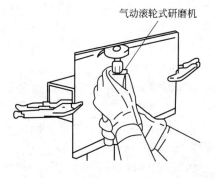

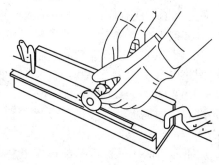

气动滚轮式研磨机

图 4-18　磨除旧漆膜

注意：在进行旧漆打磨处理过程中应选用合适的打磨工具，尽可能地避免损伤工件的金属板面。

（3）清洁打磨表面

用风枪吹除打磨粉尘，如图 4-19 所示。用擦拭纸蘸除油剂擦除钢板表面的油污，并在脱脂剂挥发前，使用干抹布擦拭钢板表面的油污，如图 4-20 所示。

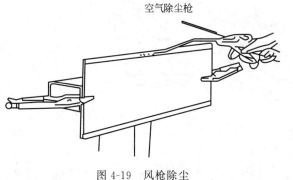

空气除尘枪

图 4-19　风枪除尘

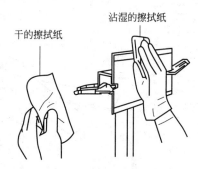

干的擦拭纸　　　沾湿的擦拭纸

图 4-20　清洁打磨表面

（4）涂抹点焊专用漆

因焊接部位接触面在焊接完成后不易喷涂漆层，必须实施防锈处理。为此，在两个焊件焊接区域内侧表面施涂点焊专用漆，如图 4-21 所示。

点焊专用漆既起防锈作用，也起到导电作用。

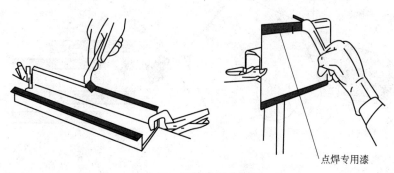

在钢板焊接面涂抹点焊专用漆

点焊专用漆

图 4-21　涂抹点焊专用漆

（5）电阻点焊机的调整和试焊

① 选择电极臂。根据项目使用的板件，参照图 4-5，选择电极臂。

② 调整电极臂。为获得最大的焊接压力，焊炬的电极臂应尽量缩短。将焊炬电极臂和电极头完全上紧，使它们在工作中不致松开。

③ 对准电极头。将上、下两个电极头对准在同一条轴线上（见图 4-11）。电极头对准状况不好将引起加压不充分，造成电流过小，降低焊接部位的强度。

④ 调整电极头直径。根据板件的厚度为 1mm，参照图 4-9，将电极头的直径调整为 $d=2T+3=2\times1+3=5$（mm）。

⑤ 试焊。根据板件厚度调整焊机参数，主要是调整焊机控制面板上的焊接时间和焊接电流按钮。按加压、通电、保持三个步骤进行焊接操作。

a. 加压。将两块试板重叠并形成一定角度（图 4-22），置于两电极间，按下加压按钮让两电极紧压板件，使大电流能够集中由小区域通过。

b. 通电。按下通电按钮，电流流经板件时结合部位产生热量，结合部位熔化，并在压力作用下结合为一体。

c. 保持。停止通电后，继续保持压力，让结合部位逐步冷却形成牢靠的焊点，待焊点完全冷却后再松开电极压力。

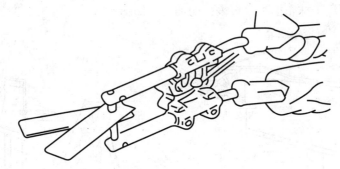

图 4-22　试板焊接

焊接完成后一般采用扭转试板的方法破坏焊接焊点，测试焊接强度。如果焊点强度合格，两块试板分离后，一块试板上会出现一个孔，如图 4-23 所示。

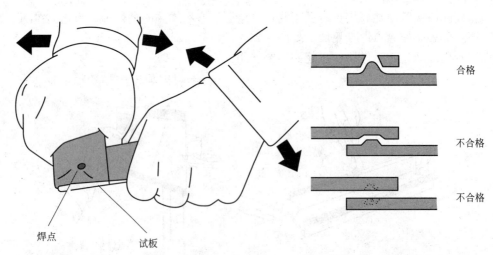

焊点　　　　试板

图 4-23　焊点破坏性测试

（6）钢板定位

钢板定位的主要目的，是为了在焊接时使工件不易挪位，保持设计的尺寸，同时使两焊件的表面有很好的结合，以达到良好的焊接效果。因此在操作中要保证钢板表面平整并且要求钢板间隙尽量吻合。

具体操作时，先将板件进行尺寸定位，周边间隙用比照法进行调整，在得到确认后再用焊接钳将其固定，如图 4-24 所示。

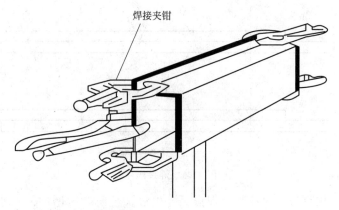

图 4-24　焊接夹钳的固定

（7）实施焊接

① 焊点间距，边距。根据板厚 1mm，参考表 4-1，确定焊点最小间距为 18mm，最小边距为 6.5mm。

② 焊接角度。焊接时，保持电极与板件表面成 90°，如图 4-25 所示。

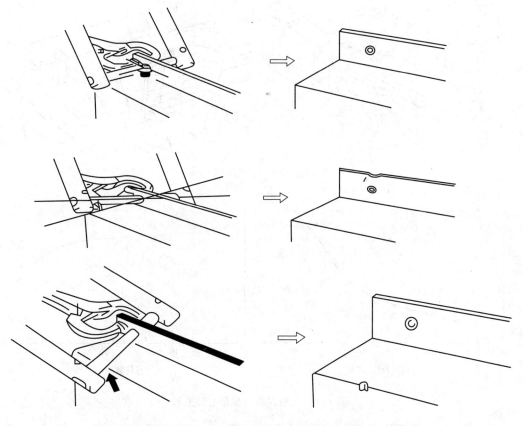

图 4-25　电极与板件表面的角度

③ 焊接顺序。点焊作业时，不要只沿一个方向连续进行点焊，这种方法会使电流产生分流而降低焊接质量，应按正确的顺序进行焊接，如图 4-26 所示，如果电极头过热而改变颜色时，应停止下来使之冷却。

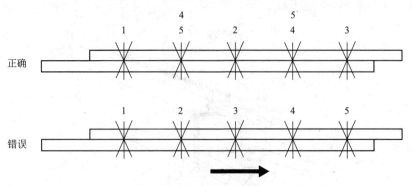

图 4-26　焊接顺序

④ 电极头冷却和整形。焊接数个焊点后，电极头端部杂质增加，该处的电阻也随之增加，将会减少流入母材的电流并减少焊接熔深，导致焊接质量下降。经过长时间的连续使用以后，电极头端部将不能正常地散热而造成过热。如有必要，可每进行 5～6 次焊接后，使用压缩空气或水冷却电极（图 4-27），否则焊接电流会减少（图 4-28），造成焊接强度不够；如果端部已被损坏，要用电极头端部清理工具进行整形。

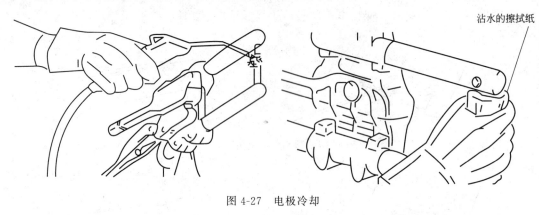

图 4-27　电极冷却

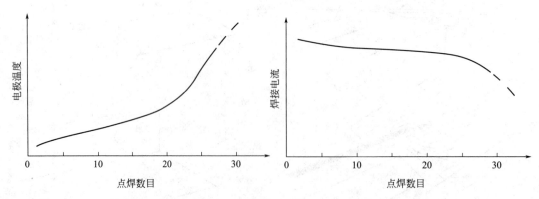

图 4-28　电极温度与焊接电流关系

当电极与焊接夹臂的温度升高时，焊接电流将变小或导致电极提早磨损。因此难以获得好的焊点。

⑤ 转角部位的焊接。不要在转角的半径部位进行点焊，如图 4-29 所示，否则会因为焊接时产生应力集中而导致开裂。如前支柱和中心支柱的上部顶角，后顶侧板的前上方角落，前、后窗框的转角部位等需特别注意。

⑥ 电流的调整。在进行电阻点焊作业时，电流通过第一个与第二个焊点的电流强度不同，特别是在两层板之间涂有防锈漆时，导电系数降低的情况下，第二点流过的电流会小一些，造成第二个焊点的强度下降，如果电流调大后焊接，会造成第一个焊点电流过大。一般在正常焊接完第一个焊点后，再把电流适当调整大一些后再进行焊接，这样才能得到焊接强度一致的两个焊点。

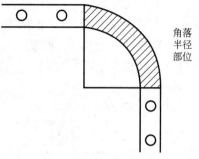

图 4-29　转角部位的正确焊法

(8) 焊接质量检查

焊点的质量检查，可采用目测外观检验或非破坏性试验两种手段。目测外观检验只是通过外观的几个基本标准来判断检查焊接质量，非破坏性试验则是检验焊接强度的基本手段。

① 目测外观检验

通过外观及触摸来检验挤压式电阻点焊的焊接质量与粗糙度。以下几个方面的检验内容，可供检验时参考。

a. 焊点位置：焊点应处在板缘的中间，无电极头压力过大引起的孔洞，板缘上应无焊点，也不得在原焊点上进行焊接。

b. 焊点数量：因修理厂的焊机功率比制造厂焊机的功率要小，所以新焊点数应比原焊点数多至少 30%。

c. 焊点间距：修理作业时的焊点间距应比原焊点间距稍短，且分布均匀。最小间距应以无支路电流形成为限。

d. 压痕（电极头在板件上留下的痕迹）：不应出现深度超过板厚一半的电极头压痕。电极头不得焊偏而产生透孔现象。

e. 气孔：在焊接的压痕上不应有大到足以看得见的气孔。

f. 飞溅：焊完后戴上手套在焊件表面上抚摸，如果擦过时被刮住，则说明焊接时飞溅物现象太严重。

g. 评估焊接外观的完整性（如图 4-30 所示），焊点表面干净而且压痕外观圆滑。对于板厚约 1mm 的钢板，焊点直径约为 5mm。

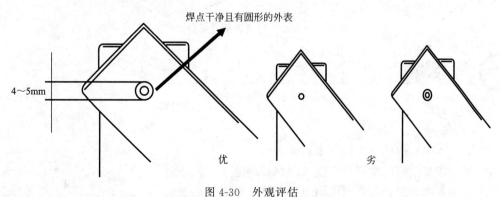

图 4-30　外观评估

② 非破坏性检验

在工件点焊完工后，可用撬棒和手锤对焊件进行焊接的质量检验，具体操作如下：

a. 将撬棒插入如图 4-31 所示部位，即两焊件的中间，用手锤轻轻敲击撬棒的端部，直到两金属板之间形成 2~3mm 的间隙，在金属板的厚度约为 1mm 时，如果此时的焊点位置仍然保持正常没有分开，则说明所进行的焊接是成功的。这个间隙值由点焊的位置、凸缘的长度、金属板的厚度、焊接的间距以及其他因素来决定，这里提供的只是一个参考数值。

b. 如果两块金属板的厚度不同，操作时两块金属板之间的间隙限制在 1.5~2.0mm 的范围内，如果进一步下插撬棒，将变成破坏性试验。

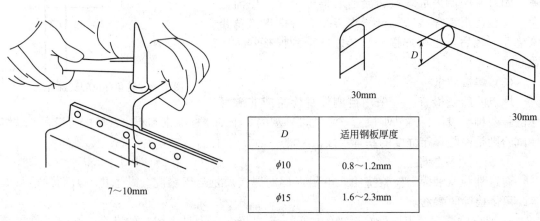

D	适用钢板厚度
$\phi 10$	0.8~1.2mm
$\phi 15$	1.6~2.3mm

图 4-31　非破坏性检验

c. 修复被撬开部位（如图 4-32 所示），检验完毕后，一定要把被撬的变形金属板修复好，具体操作是：一手拿垫铁，一手拿手锤将被撬开的部位进行敲击修复。

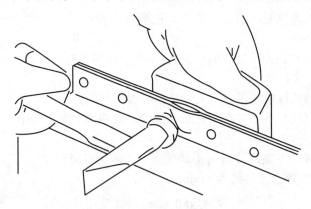

图 4-32　修复被撬开部位

 学习评价

1. 理论考核

(1) 分析题

① 影响电阻点焊的质量的因素有哪些？

② 简述车身维修中常见的电阻点焊焊接缺陷及原因分析。

③ 在车身维修时，如何对电阻点焊焊接质量进行检查？

（2）判断题

① 电阻点焊焊接质量与操作者水平的影响不大。　　　　　　　　　　　　（　　）

② 电阻点焊的焊接电流大，焊件熔融大就会产生飞溅。　　　　　　　　　（　　）

③ 当点焊时焊接电流达不到要求时，一般通过增加焊接时间进行调整。　（　　）

（3）选择题

① 关于电阻点焊下列描述正确的是　　　　　　　　　　　　　　　　　　（　　）

A. 热量大　　　　　　　　　　　　　　B. 效率低

C. 焊接过程中需施加压力　　　　　　　D. 对操作者要求高

② 对 1mm 钢板进行电阻点焊时，两个焊点之间的最小间距是（　　）mm。

A. 16　　　　　　　B. 17　　　　　　　C. 18　　　　　　　D. 19

③ 在电阻点焊时，防锈工作在什么时间进行？　　　　　　　　　　　　　（　　）

A. 焊接之前对焊接区域进行防锈

B. 焊接后马上对焊接区域进行防锈

C. 焊接后全车身一起进行防锈

D. 以上都不对

2. 技能考核

项目　板件双面点焊焊接见表 4-2。

表 4-2　板件双面点焊焊接

基本信息	姓名		学号		班级		组别	
	规定时间		完成时间		考核时间		总评成绩	
任务操作	序号	步骤		完成情况		标准分	评分	
				完成	未完成			
	1	考核准备 设备与工具 相关表格				10		
	2	操作流程				5		
	3	操作规范				5		
	4	操作技巧				5		
	5	焊接前板件处理				5		
	6	点焊机调整				5		
	7	点焊参数调整				10		
	8	点焊顺序				5		
	9	点焊焊接质量检查				5		
	10	综合素质				5		
沟通能力						10		
掌控能力						10		
技术能力						10		
熟练程度						10		

学习任务五

铜钎焊焊接

工作情境描述

当客户轿车车身（桁架结构）的前立柱上端与顶盖连接处受到严重撞击，需要修复时，作为车辆维修人员请根据该处的焊接工艺（铜钎焊）进行修复。

学习目标

1. 了解不同轿车的车身前立柱与顶盖的连接方式；
2. 熟悉铜钎焊的工作原理、特征及操作规程；
3. 根据铜钎焊焊接工艺独立完成立柱与顶盖接头的焊接作业。

 知识准备

1. 轿车顶盖的连接方式

轿车顶盖的连接方式有两种类型：一种是整体结构车身类型（见图 5-1）；一种是桁架结构车身类型（见图 5-2）。

图 5-1　整体结构车身

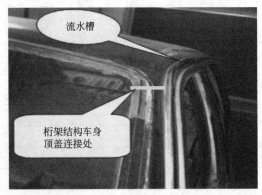

流水槽

桁架结构车身顶盖连接处

图 5-2　桁架结构车身

整体结构车身顶盖与立柱的连接方式，由于现代车身侧围是一个总成结构，所以顶盖的连接部位在车顶与侧围总成上端处，其连接方式是电阻点焊。

桁架结构车身顶盖与立柱的连接方式，因为该顶盖覆盖到侧围上面的流水槽，其与流水槽相接处是电阻点焊，与前、后立柱连接处是钎焊（铜钎焊）连接（见图5-3）。

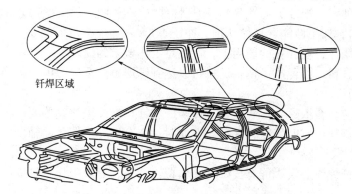

钎焊区域

图 5-3　桁架结构车身立柱与顶盖连接处

2. 钎焊的工作原理及特征

（1）钎焊就是采用熔点低于作业工件的金属为钎料，将其加热熔化到已被加热工件的接头间隙里，进行填充、流动扩散而凝固形成一体的焊接方法。

（2）钎焊工艺的加热温度比较低，对被焊件的金属组织和性能改变较少，钎焊后的工件应力相对减少，变形量随之减小，适用于焊接精度要求较高的工件。

（3）任何钎焊在作业时，都依靠钎剂（粉）的辅助作用，否则无法成功进行正常焊接。

（4）钎焊工艺可适用于各种金属材料、异种金属、金属与非金属的连接。

（5）钎料是低熔点金属，钎焊接头的耐热能力比较差，接头强度比较低，所以不宜用于高耐热和高强度工件的焊接。

3. 钎焊的分类

（1）钎焊的种类繁多，一般按照温度的高低区分，通常可划分为低温钎焊（450℃以下）、中温钎焊（450～950℃）、高温钎焊（950℃以上）。

（2）也有一种习惯划分方法：把450℃作为临界数据，低于450℃称为软钎焊（如锡钎焊），高于450℃称为硬钎焊（如铜钎焊）。

（3）在汽车修理作业中，常用的几种钎焊，按不同的加热方式，也可以划分为：电阻烙铁钎焊（适用软钎焊）、火焰烙铁钎焊（又分炉火烙铁钎焊、氧-乙炔源烙铁钎焊、均适用软钎焊）、火焰热熔钎焊［又分氧-乙炔源热熔钎焊（适用硬钎焊）、油-汽源热熔钎焊（适用软钎焊）］。

4. 钎料

钎焊材料包括钎料和钎剂（粉），钎焊质量的好坏，相对而言，很大程度上取决于钎料的选择，为了保证作业工件有高质量的钎焊，在钎焊、钎剂（粉）的选用上，必须遵循下列基本原则：

（1）钎料的熔点与作业工件的熔点不要过于接近，因为熔点过于接近，不易控制钎焊的作业过程，很容易造成金属晶粒增粗、过烧、熔化塌陷等现象，所以两者熔点一般应有几十度之差。

（2）钎料在钎焊作业时，应有良好的流动性和湿润性，以保证能填满接头间隙，而形成牢固的结合体。

（3）必须选用具有稳定均衡成分的钎料，以减少在钎焊过程中，一些易析出和易挥发的

元素大量流失，特别是在焊接有等级强度要求的工件时，更不能用普通钎料（如用普通铜丝代替铜焊条）进行等级钎焊作业。

（4）钎料的选用，应能符合作业工件的各方面技术要求，如：力学性能（高温、常温、低温下的强度、硬度、塑性、韧性等），物理性能（导电性、导热性等），化学性能（抗氧化性、抗腐蚀性等），加工性能（机械切削、冲压等）。

（5）经济适用性，在钎料的选用上，在满足上述要求的情况下，尽量不选用含有稀有金属和贵重金属的钎料，如：能用铜基钎料可以达到钎焊质量标准要求的，绝不用银基钎料。

5. 钎剂

（1）钎剂，应符合清除、溶解作业工件表面和钎料表面氧化物的要求。

（2）钎剂与钎料应有匹配性，在钎焊作业时，应有良好的催化、辅助作用，以及界面活性作用。

（3）钎剂在钎焊作业时，能有良好的液体覆盖状态，有效阻止空气中的氧气对作业区工件的侵害。

（4）钎剂的熔点与钎料的熔点也应有一定的差距，稍为偏低即可，不要相差太大。如果钎剂熔点高于钎料，则根本不能发挥钎剂的性能作用，不能进行正常的钎焊作业；如果钎剂熔点与钎料的熔点相差太小，在钎料熔化前过早溶解挥发，会降低应有的性能作用，也不能保证有效的钎焊作业。

（5）钎剂在钎焊作业时，应有良好的热稳定性，保持在加热的过程中，其成分稳定不变，或减少流失挥发。

（6）钎剂不应具有毒性，不应对钎焊金属工件有强烈的腐蚀作用以及在使用时析出有害气体。

（7）钎焊作业完毕后，钎剂的残渣应容易清除。

6. 铜钎焊的材料

铜钎焊是汽车修理作业中最常用的一种硬钎焊，是以黄铜为基料的焊条作为钎料，以硼为基料的铜焊粉作为助熔钎剂而进行的焊接作业。

在车辆维修时，铜钎焊是依靠氧气-乙炔气焊接设备来完成作业的，其工作原理：以乙炔气作为燃烧气体，以氧气作为助燃气体，经专用胶管送入焊枪内进行混合，再经焊嘴喷出点燃燃烧而产生高温，将焊条熔化敷滴在被焊工件的焊缝上，使焊件连接在一起。

（1）铜钎焊条

根据国家标准《钎料型号表示方法》（GB/T 6208—1995）中规定，常用的铜钎焊条的型号为：

产品牌号：HS221；

国标型号：HSCuZn-3

成分含量：黄铜，56%～62%；锡，0.5%～1.5%；硅，0.1%～0.5%；锌，余量。

（2）铜钎焊粉

常用的铜钎焊粉，以硼砂和硼酸为基体，添加一些如氟化物等适量元素，调节熔点和增强溶解氧化物的能力。通常用的产品牌号和含义如下：

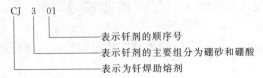

7. 铜钎焊焊接设备

（1）氧气瓶

瓶体外表一般喷涂天蓝色油漆，瓶体上用黑色油漆喷上"氧气"二字作为标识，另外还喷有"氧气禁油"的警示字样，瓶底一般为凹状，便于站立，如图 5-4 所示。也有的瓶底用普通钢板做成上圆下方的瓶脚，焊接在瓶底的下方，除了站立还可防止地面上的潮湿和各种腐蚀液体对瓶体伤害。具体规格如表 5-1 所示。

表 5-1　常用的氧气瓶的规格

序号	规格	说明	序号	规格	说明
1	瓶体高度	约 137cm	5	容积	40L
2	瓶体直径	21.9cm	6	瓶限压力	15MPa
3	瓶体质量	约 55kg	7	储存氧气	约 6m³
4	外表漆色	天蓝黑字	8	水压试验	22.5MPa

（2）氧气瓶阀

氧气瓶阀，是高压氧气进出瓶内的控制阀门，常用阀门的规格为：QF-2 铜阀，材质由 HPb 59-1 黄铜制成，目前主要采用活瓣式阀门，由阀体、安全膜装置、阀杆、手轮、活门等部分组成，其外形和构造如图 5-5 所示。

图 5-4　氧气瓶的构造

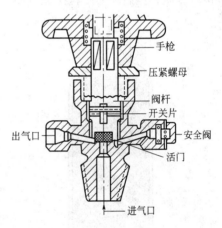

图 5-5　氧气瓶阀

氧气瓶阀的使用方法：顺时针方向旋转为关闭；逆时针方向旋转为开启。活门开启时的高度为 1.5～3mm。氧气瓶阀操作简单方便，直接用手旋转手轮，即可开启、关闭瓶体阀。

氧气阀的工作原理：手轮旋转时，带动阀杆转动，再通过中间连接的开关铁片联动，使活门作上行或下行移动，当活门作向上移动时，瓶内氧气就由进气口经气门流向出气口，当活门作向下移动时，活门就压紧阀座密封尼龙垫，使活门紧闭，氧气不能流出。

氧气瓶阀在使用过程中，由于各种原因，经常会发生一些故障，常见的故障和形成原因及排除方法见表 5-2。

表 5-2　氧气瓶阀常见故障与形成原因及排除方法

常见故障	发生现象	形成原因	排除方法
气门阀漏气	活门密封不严	封闭不到位	拧紧压紧螺母
	防漏垫圈与转动轴不紧密	过度磨损	更换钢片垫圈
阀杆空转	阀杆套与阀杆轴配合磨损 联动铁片折断	开关时用力过度 疲劳磨损	更换磨损配件 铁片更换

（3）氧气

氧气的分子式为 O_2，在常温常压下呈气体状态，在标准状态下（0℃，0.1MPa），氧气的密度为 1.429kg/m³，比空气密度大（空气密度为 1.293kg/m³），无色、无味、无毒，当温度降至 −183℃ 时，氧气就由气态变为淡蓝色的液态，当温度降至 −218℃ 时，液态氧就变为淡蓝色的固体。

氧气不能燃烧，但能帮助其他可燃物质燃烧，氧气的化学性质极为活跃，自然界的一切元素（除惰性气体外），几乎都可以与之相化合而产生化学反应，氧气的化合能力随着压力的加大和温度的升高而增强，当高压氧气遇到易燃物质（如油脂、天那水等）相接触时，就会发生剧烈的氧化反应而使易燃物质自行燃烧，当高压氧气处于高温环境时，则会产生强烈反应而引起爆炸，在使用氧-乙炔气焊接设备时，氧气瓶阀、氧气减压器、氧气胶管、焊炬等不可有油脂粘附。

（4）乙炔瓶

乙炔瓶是用来储存乙炔气的专用罐体，瓶体圆柱形，为了使瓶体能垂直站立，瓶体下面用钢板制作的圆圈焊接成底座，常用的瓶体是用优质碳素结构钢直接轧制焊接而成，外表喷涂白色油漆，并用红色油漆喷注"乙炔"标识字样，另外喷有"不可近火"的警示字样，外形近似氧气瓶，但瓶体内结构比氧气瓶复杂得多。如图 5-6 所示。

图 5-6　乙炔瓶的构造

图 5-7　乙炔瓶阀的构造

乙炔气瓶有中压式（适用于等压式焊、割炬）与低压式之分（适用于低压式焊、割炬），常用的乙炔气瓶属于低压式，瓶内的乙炔气压力最高可达 1.5MPa，具体规格见表 5-3。

表 5-3　常用乙炔瓶的规格

序号	规格	说明	序号	规格	说明
1	瓶体高度	约 105cm	5	容积	40L
2	瓶体直径	25cm	6	瓶限压力	1.5MPa
3	瓶体质量	约 60kg	7	储存氧气	约 7kg
4	外表漆色	白色红字	8	水压试验	6MPa

因乙炔气是高易燃、易爆性气体，不易储存和运输，但人们利用乙炔能大量溶解于丙酮溶液和活性炭的多孔毛细管，可以稳定和降低其爆炸性之特性，在瓶体内装有浸满丙酮的多孔活性炭材料，能使乙炔稳定安全地储存在瓶内。使用时，溶解在丙酮中的乙炔气就自动分解析出，通过乙炔瓶阀流出来。而仍然保留在瓶内的丙酮，可反复溶解再次充入的乙炔气，以利于储存到活性炭的多孔中。

（5）乙炔瓶阀

乙炔瓶阀主要由阀体、阀杆、压紧螺母、活门以及过滤部件等组成，乙炔瓶阀的开启方式与氧气瓶阀有别，没有设置旋转手轮，而是另外利用方形孔套筒扳手套在阀杆的方形头上端，进行开关作业，如图5-7所示。

其工作原理为：扳手逆时针方向旋转时，阀杆带动活门（活门上镶嵌有白色尼龙制成的密封垫圈）向上移动，阀门开启，乙炔气从进气口经气门流向出气口；当扳手顺时针方向旋转时，活门则向下移动压紧阀座，使乙炔气不能流出。

常用的乙炔气是低压式，所以乙炔气阀与氧气阀相比，还少了一个安全膜装置。

乙炔瓶阀的阀体，由低碳钢制成，阀体的下端与氧气瓶阀相似，同样被加工成英制螺纹的锥形尾，使其旋入乙炔瓶体的口内，进气口内有铁丝制作的过滤网，上面附着有用羊毛毡制成的过滤层，使分析出来的乙炔气得到过滤，并阻止水分和杂质的溢出。

（6）乙炔

乙炔是一种无色而有特殊臭味的气体，是一种碳氢化合物，其分子式为 C_2H_2。在标准状态下，密度为 $1.17kg/m^3$，比空气密度略小。电石与水作用：

$$CaC_2 + 2H_2O \longrightarrow C_2H_2 \uparrow + Ca(OH)_2 + 127.3kJ$$

乙炔是可燃气体，它与空气混合燃烧时所产生的火焰温度为 2350℃，而与氧气混合燃烧时所产生的火焰温度可达 3000～3300℃。因此，能够迅速熔化金属进行焊接与切割。

乙炔的完全燃烧按下列反应式进行：

$$2C_2H_2 + 5O_2 \Longrightarrow 4CO_2 + 2H_2O$$

由反应式知道：1个体积的乙炔完全燃烧需要 2.5 个体积的氧气。所以气焊、气割时，氧气的消耗量比乙炔大。

乙炔也是一种具有爆炸性危险的气体，当纯乙炔压力为 0.15MPa，温度为 580℃时就可能发生爆炸。乙炔与空气或氧气混合时，在空气中浓度 2.5%～80%，在氧气中浓度达 2.8%～93%范围时，遇到明火就会立刻发生爆炸。乙炔与铜或银长期接触会产生一种爆炸性的化合物，即乙炔铜和乙炔银，当它们受到剧烈振动或者加热到 110～120℃时就会引起爆炸。所以凡与乙炔接触的器具设备禁止用纯铜制造，只准用含铜量不超过 70%的铜合金制造。

由于乙炔受压会引起爆炸，因此不能加压，直接装瓶来储存。但是可利用乙炔可以大量溶解在水和丙酮中的特性储存。特别是在丙酮中溶解量特别大，1L 丙酮可溶解 25L 乙炔。工业上将乙炔灌装在盛有丙酮和多孔物质的容器中进行储运，称为溶解乙炔（瓶装乙炔）既方便又经济。

（7）焊炬

焊炬是在气焊作业时用于控制气体混合比、流量及火焰并进行焊接的工具，作用是将可燃气体和氧气按操作者的要求用手操作调节控制其混合比，按一定的速度喷出，燃烧而生成具有一定的能量，成分、形状稳定的焊接火焰，使被焊接材料熔化。因此，要求焊炬不仅具有良好的调节和保持氧气与可燃气体的比例，并使混合气体的喷出速度与燃烧速度相等，有稳定的火焰和燃烧性能，同时要求气密性要好，耐腐蚀，耐高温。

焊炬与割炬的功能不同，两者不能混用。焊炬按可燃气体与氧气混合的方式不同可划分为等压式焊炬和低压式焊炬。

① 等压式焊炬，一般采用的是中压乙炔气。焊炬的构造，主要由主体、乙炔气调节阀、氧气调节阀、乙炔气通道、氧气通道、混合气室、混合气通道、焊嘴、手柄、乙炔气接头、氧气接头等部件组成，其结构如图5-8所示。

等压式焊炬的结构比低压射吸式焊炬要简单些。等压式焊炬的使用有一定的局限性，必须是中压乙炔气，千万不能用低压乙炔气替代使用。

② 低压式焊炬，可适用于中压乙炔气，但等压式焊炬切不能使用低压乙炔气。

低压式焊炬是指可燃气体表压力低于<0.7MPa的焊炬，可燃气体靠喷射氧气流的射吸作用进入混合气室混合，并以相当高的流速喷出。也叫喷吸式焊炬，也是目前应用较为广泛的焊炬。焊炬的构造主要由主体、乙炔调节阀、氧气调节阀、喷嘴、射吸管、混合气室、焊嘴、手柄、乙炔气管接头、氧气管接头等部分组成，其构造如图5-9所示。

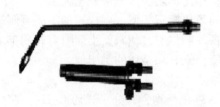

图 5-8 等压式焊炬的构造

图 5-9 低压式焊炬的构造

在日常修理作业中，一般是根据工件的厚度而选择不同型号的焊炬，为了能在工作中得心应手地选择合适作业的焊炬，首先必须了解焊炬型号的含义。如：H01-6，前面的字母"H"代表焊炬，也是焊炬"焊"字的汉语拼音声母，此种标注方法一直是我国沿用的惯例，"0"则表示为手工操作，"1"则表示该型号焊炬为喷吸式焊炬，"2"则表示该型号焊炬为等压式焊炬，"3"则表示该型号焊炬为换管式焊炬，"-"后面的数字则表示该焊炬的最大焊接厚度（材质以普碳钢板为标准，单位：mm）。各种型号的焊炬均配有3~5个焊嘴，焊嘴型号大则表示焊嘴的出气孔和出气量大，适应的焊接工件厚度相应增大。

国产低压焊炬型号有：H01-6、H01-12、H01-20、H03四种，前三种焊炬各配有五个不同型号的焊嘴，而H03型焊炬的主要结构与工作原理和前三种型号焊炬基本相同，均属于喷吸式焊炬，只是根据工件的需要变换火焰和温度时，不是用更换焊嘴来完成，而是用三根焊管的变换来实现，所以人们也叫它换管式焊炬，H03型焊炬的焊管相当于前三种焊炬的焊嘴、混合气管、射吸管的功能组合。

目前在修理作业中使用较为广泛的焊炬有H01-6、H01-12两种。

（8）橡皮胶管

氧气瓶与乙炔瓶中的气体是经橡皮胶管输送到焊炬或割炬中，根据有关行业规定，氧气管为红色，乙炔气管为黑色，通常氧气管的内径为8mm，乙炔气管的内径10mm；氧气管允许的工作压力为15MPa，乙炔气管为0.5MPa；胶管的长度不得低于5m，一般以10~15m为宜，两种胶管严禁代替使用，操作时防止胶管上沾有油污和漏气。

（9）氧气减压器

氧气减压器就是将氧气瓶内输出的高压氧气，降为低压适应作业范围的调节装置。一般储存在氧气瓶内的高压氧气，最高压力达到15MPa，而常用的低压氧气工作压力在0.1~0.4MPa左右。因此，焊接作业时，氧气必须经过减压器的调节后，方能输送到焊炬内使用。

在焊接过程中，气瓶内的氧气压力，会随着气体的不断消耗而逐渐下降，压力的变化势必影响正常的焊接作业，为了保证焊接时工作压力的稳定，必须有一个稳定装置来控制。减压器在调节气体压力的同时，又能起到基本稳定工作压力的作用，因此，减压器在焊接作业过程中是必不可少的调节装置，它能控制气体不会因气瓶内的气体减少而使工作压力有太大的改变。

在修理作业中常用的氧气减压器的产品型号：YQY—07，为单级反作用式，上面装有两个压力指示表，数字大的表（表盘标识 0～25）为高压气体显示表，显示的是氧气瓶内的气体流入到减压器内的压力，数字小的表（表盘标识 0～2.5）为低压气体显示表，显示的是调节后经高压气室进入低压气室的工作气体压力。

单级反作用式氧气减压器的构造，由外壳、进气口、高压显示表、高压室、副弹簧、减压气活门、活门座、低压室、安全阀、低压显示表、传动杆、弹簧膜片、主弹簧、调节杆螺丝、出气口等组成，其构造如图 5-10所示。

图 5-10　单级反作用氧气
减压器构造

① 单级反作用氧气减压器的工作原理：减压器又称为压力调节器，它是将高压气体降为低压气体的调节装置。例如，把氧气瓶内的 15MPa 高压气体减压至 0.1～0.3MPa 的工作压力，供焊接或切割时使用。减压器同时还有稳压作用，使气体的工作压力不随气瓶内的压力减小而降低。减压器的工作情况如图 5-11 所示，从氧气瓶出来的高压氧气进入高压室 10后，由高压表 1 指示压力。不工作时 [图 5-11(a)]，应当放松调压弹簧 7，使活门 4 被活门弹簧压下，关闭通道 5，高压气体就不能进入低压室 9。

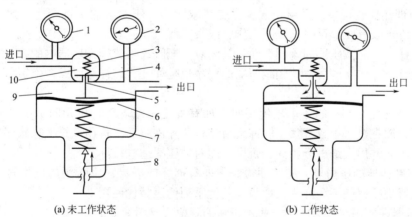

(a) 未工作状态　　　　　　　　　　　(b) 工作状态

图 5-11　减压器工作原理

1—高压表；2—低压表；3—活门弹簧；4—活门；5—通道；6—薄膜；
7—调压弹簧；8—调压螺杆；9—低压室；10—高压室

减压器工作时 [图 5-11(b)]，应按顺时针方向将调压手柄旋入，使调压弹簧 7 受压，活门 4 被顶开，高压气体经通道 5 进入低压室 9。随低压室内气体压力的增加，压迫薄膜 6及调压弹簧，使活门的开启量逐渐减小。

当低压室内气体压力达到一定数值时，会将活门关闭，低压表 2 指出减压后的气体压力。控制调压螺杆 8 的旋入程度，可改变低压室的压力，获得所需的工作压力。

气割时随着气体的输出，低压室内的气体压力降低，薄膜 6 上凸使活门重新开启，流入

低压室的高压气体流量增多，可补充输出的气体。

当活门的开启度恰好使流入低压室的气体流量与输出低压气体流量相等时，即可稳定地进行工作。当输出的气体流量增大或减少时，活门的开启度也会相应地增大或减小，以便自动保持输出气体压力的稳定。

② 单级反作用减压器的优点是构造简单，操作使用方便，造价成本不高，但缺点也很明显，具体表现为焊接时气体的工作压力只是基本稳定而不是绝对稳定，特别是在高压气体减少的情况下，甚为突出，可直接影响气焊的工作质量与效率。另外，单级减压器只经过一次调节就把高压气体变为低压气体，气体在低压室内急剧膨胀，大量地吸收热量，使得低压室内的温度骤降，因此，在冬天寒冷的情况下，容易发生表内冻结现象。

③ 单级反作用式氧气减压器在使用过程中，应遵守下列操作规程：

a. 减压器在安装之前，应先清除氧气瓶阀口内及周边油脂，因为高压氧气排放时，可产生静电火花引起火灾或烧毁减压器的内部零件。

b. 减压器安装时，应先略开氧气瓶阀，吹除污物，以防开启阀门时将灰尘和水分带入减压器内，瓶阀开启时，出气口不得对准操作者或他人，以防高压气流突然冲出伤人。

c. 减压气的出气口与气管连接处，必须用软铁丝扎紧，或者用卡箍拧紧，如果是双芯气管，必须拧紧螺丝接头，防止减压器开启时气管突然崩脱而发生危险。

d. 氧气瓶阀或减压器阀开启时，先检查氧气瓶阀出口与减压器阀进口的接头是否漏气，如果听到气流的"丝丝"声，应迅速关闭氧气瓶阀门后进行重新装接，开启氧气瓶阀门时，动作应缓慢，如果阀门开启速度过快，减压器内的工作部分的气体因受绝热压缩而温度急剧升高，有可能把减压器内的有机材料制作的零件烧坏，而使减压器失去功能作用。

e. 在修理作业过程中，必须经常注意观察减压器上压力表的指针变化，如数值突然过大或过小，或一表有数值反映一表不工作，或表内漏气，应立即停止工作，先逆时针旋转减压器的调接杆，关闭减压器的阀门，而后关闭氧气瓶阀，再放掉减压器内的余气，拆卸下减压器进行检修，工作完毕后，关闭减压器的程序也是如此，这样可以保护弹簧和减压活门免受损坏。

f. 氧气减压器在寒冷的冬季里使用时，如有发生冻结现象，应及时关闭氧气瓶阀后拆卸下减压器，放在热水中或蒸气上解冻，待完全化除冻结后，再用风枪吹除减压器内部的残存水分，绝不允许用火焰进行烘烤，否则可能对减压器造成损坏。

g. 氧气减压器的压力表，应定期检修，如有损坏或失灵，应购买与之型号相匹配的氧气压力表进行更换，绝不允许用乙炔表或其他系列的表替代使用。

④ 减压器在使用时，会发生一些不正常的现象（参考表5-4）。

（10）乙炔减压器与回火防止器

乙炔减压器是供瓶装溶解乙炔减压用的装置，乙炔减压器上设置有两块压力显示表，数字大的（表上标度量程0～2.5），为高压乙炔表，所显示的数值是从乙炔瓶进入高压气室的气体压力，数字小的（表上标度量程0～0.25），为低压乙炔表，所显示的数值是经过调节后可供使用的工作压力，表体设置有安全阀，当输出压力大于0.18MPa时，安全阀就开始泄气，当输出压力达到0.24MPa时，安全阀就全部打开。另外，乙炔减压器的两块压力显示表上，均设置有安全警戒线，在标度盘上的后面有一道较粗的红线，警示操作过程中不可逾越最大许可工作压力，随时观察、区别、加以控制。

回火防止器可以防止焊炬（割炬）的回火倒流进入乙炔发生器或乙炔瓶发生爆炸。其作

表 5-4 使用氧气减压器的常见故障及防止措施

常见故障	故障原因及部位	防止措施及修理
减压器漏气	减压器连接部分漏气，螺纹配合松动或垫圈损坏	①拧紧螺丝 ②更换新的钢纸垫圈或加石棉绳
	安全阀漏气 活门垫料损坏或弹簧变形	①调整弹簧 ②更换活门垫料(青钢纸和石棉绳)
	减压器上盖薄膜损坏 减压器上盖未拧紧	①更换橡皮薄膜 ②拧紧丝扣
减压器表针爬高(自流)	调节螺杆松开后，气体继续流出，低压表针继续上升，原因是： ①活门或门座上有污物 ②活门密封垫或活门座不平(有裂纹) ③回动弹簧损坏，压紧力不够	将活门螺丝松开，取出活门进行检查，按损坏情况处理： ①将活门污物去净 ②不平处用细砂布磨平，如有裂纹要换新的 ③调整弹簧长度
	调节螺杆已拧到底，但工作压力不升或升得很少，其原因是调压弹簧损坏或传动杆弯曲	拆开减压器盖，更换调压弹簧和传动杆
打开氧气瓶时，高压表表针已表示有氧，但低压表不动作或动作不灵敏	工作时氧气压力下降，或表针有剧烈的跳动，说明减压器内部冻结	用热水加热解冻后，把水分吹干
	低压表已升到工作压力，但使用时突然下降，说明氧气瓶阀门没全打开	继续打开氧气阀门

用是使回火熄灭、暂时断气。回火防止器一般加在乙炔气路中，分为开口式低压水封防止器、闭式中压水封防止器、干式防止器。

乙炔减压器的构造与工作原理，与单级反作用式氧气减压器基本相同，所不同的是乙炔减压器的连接采用的是夹环和紧固螺丝来加以固定。在进气口接头上也有区别，氧气减压器的接头是球头紧配合式，乙炔减压器的接头是套入式直接压在乙炔瓶阀的出口内尼龙密封接口垫上。

在修理作业中，常用的乙炔减压器的产品型号：YQE—03型，为单级反作用式乙炔减压器，其结构是由调节螺杆、调压弹簧、活门顶杆、减压活门、弹性膜片、低压室、低压表、高压室、高压表、副弹簧、安全阀、过滤接头、表体、夹环、紧固螺丝等部件组成。其结构详见图 5-12。

图 5-12 单级反作用乙炔气减压器构造

8. 火焰及调节

氧-乙炔焊的火焰选用与调节，将直接影响焊接的质量，混合气体内的氧气体积与乙炔气体积的比值是一个很重要的技术数据，它直接决定着火焰的外形、构造、化学性能以及热性能等，所以它是氧-乙炔焊工艺中最重要的一个环节。

不同的工件与材质，对火焰的要求也不同，控制和调节混合气体内氧气和乙炔气的比例，可以得到所需的火焰。一般根据氧-乙炔焰的外形、颜色及温度，划分为氧化焰、中性焰、碳化焰三种类型，其外观形状与构造如图 5-13 所示。

(1) 氧化焰

氧化焰的火焰外形比较短，颜色成蓝色，它是增大氧气和减少乙炔气的比例所得，燃烧时还伴有"嘶、嘶"的声音，氧气比例越大，发出的噪声越大，其氧气与乙炔的体积比为 $\alpha > 1.2$，一般在 $\alpha = 1.3 \sim 1.7$ 范围，氧化焰燃烧后尚有过剩的氧气。

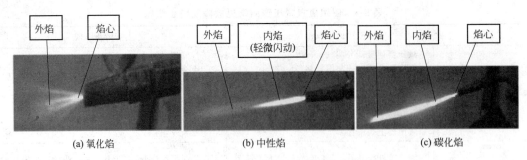

(a) 氧化焰　　　　　　　(b) 中性焰　　　　　　　(c) 碳化焰

图 5-13　氧-乙炔焰的种类、外观形状及其构造

由于氧化焰在燃烧过程中氧气的浓度比较大，氧化反应比较剧烈，同时焰心、内焰、外焰都缩得较短，焰心和内焰几乎重合，氧气的比例越大，则整个火焰越短，所以轮廓也不太明显，氧化焰燃烧时最高温度可达 3500℃ 左右。

氧化焰所需的氧气较多，在焊接作业时，会使熔化的金属氧化以及金属中的合金元素烧损，致使焊缝产生气孔和金相组织改变而变脆硬。因此在焊接钢件时很少采用，在焊接黄铜、青铜等材料时一般使用轻微的氧化焰。

(2) 中性焰

中性焰的火焰外形较氧化焰长，焰心是光亮的蓝白色圆锥形，其氧气与乙炔的体积比为 $\alpha = 1 \sim 1.2$，燃烧后既无过剩的氧气又无过剩的乙炔气。中性焰燃烧时的温度最高可达约 3150℃。

中性焰由于氧气和乙炔气都得到了充分的燃烧，在焊接作业时，没有过烧的现象和金相组织改变的现象发生，同时由于有外焰的保护，焰心还具有还原性，与熔化金属作用使氧化物还原，从而改善了焊缝的力学性能，中性焰适用于焊接一般的碳钢和有色金属。

(3) 碳化焰

碳化焰又称还原焰，碳化焰的火焰外形又较中性焰长，焰心的光亮略带红色，其氧气与乙炔的体积比为 $\alpha < 1$，一般在 $\alpha = 0.85 \sim 0.95$ 范围，碳化焰燃烧后尚有部分的乙炔气未燃烧干尽，火焰中含有游离碳，存在一定的渗碳性，碳化焰燃烧时的最高温度约为 $2700 \sim 3000℃$。

碳化焰焊接时，内焰中过量的炽热的含碳微颗粒溶入熔池，对被焊钢件有增碳的作用，如：低碳钢的焊缝常具有中碳钢的性质，脆性增大，塑性减小，而且容易产生裂纹。轻微的碳化焰一般用于高碳钢、高速钢、铸铁及镁合金等。

9. 焊接的工艺参数

气焊的工艺参数一般指焊丝的牌号及直径、气焊熔剂、火焰的性质以及能效、焊炬的倾斜角度、焊接方向、焊接速度等，是直接影响焊接质量的主要技术依据。

(1) 焊丝牌号的选择，应符合被焊工件材料的力学性能、加工性能和化学成分等方面的技术要求，选择相应性能与成分的焊丝。

焊丝直径的选用，应根据被焊工件的厚度来决定，焊丝的直径与被焊工件的厚度成正比，焊丝的直径如选用过细，焊接时工件尚不具备焊接温度时，焊丝已熔化下滴，容易造成焊接质量缺陷，如选用的焊丝直径过粗，焊丝加热时间过长，使被焊工件过热而扩大热影响区，产生应力变形和金相改变等缺陷。另外焊丝的直径与焊接方法有关，右向焊接时可选用直径较大一点的焊丝，左向焊接时必须选用直径小一点的焊丝。

(2) 气焊熔剂的选择，应根据被焊工件的化学成分和性质来决定，一般碳素结构钢在气焊作业时不需要气焊熔剂，而不锈钢、耐热钢、铸铁、铝及铝合金、铜及铜合金气焊时则必须使用气焊熔剂，才能使焊接顺利进行同时保证焊接质量。

（3）气焊火焰的性质，对于焊接质量的影响非常大，应根据不同材料的焊件，正确地选择以及运用火焰的成分，如果混合气体内的氧气量过多时，会造成焊缝金属氧化而出现脆性，使焊接区金属的强度和塑性降低，如果混合气体内乙炔量过多时，则会引起焊缝金属增碳现象发生，而使焊缝区变脆、变硬，同时还会产生气孔等缺陷。

气焊火焰的能效，主要是根据可燃气体的消耗量来决定，一般以每小时为单位计算（L/h），而可燃气体的消耗量又取决于焊炬与焊嘴的大小（这里不参考火焰的种类），一般焊炬的型号以及焊嘴号码的大小决定了对焊件的加热能量和加热范围的大小，如果焊件较厚，金属材料的熔点又较高，焊件的导热性又较好（如铜及铜合金、铝及铝合金），焊缝又是平焊位置，则应选择较大的能效火焰，才能给予焊件有足够的热量，以保证被焊工件能焊透。在焊接薄件或其他位置时，火焰能效应适当减小，防止焊件被烧穿或焊缝组织过热而影响焊接质量，在能效的选用上，有一个实际经验使用规律，为了提高工作效率，在保证焊接质量的前提下，应尽量选择能效较大的火焰。

（4）焊炬的倾斜角度，主要是根据焊件的厚度和熔点以及导热性来决定大小，若焊件厚度大、熔点及导热性高，需要集中大热量的火焰才能保证焊接质量，所以操作焊炬作业时，应采用较大焊炬倾斜角度，反之，则采用较小的焊炬倾斜角度，总而言之，按照上述的规律特点，根据焊件的厚度、熔点及导热性能等因素灵活地运用。焊炬的倾斜角度不能一成不变，在焊接过程中应根据需要随时调整角度，在焊接开始时，为了尽快地使焊件加热并迅速形成熔池，应采用较大的焊炬倾斜角度，在焊接结束时，为了更好地填满熔池，应适当减小焊炬倾斜角，当焊接至内角处时，更应不断变换角度和上下跳动火焰，防止焊件烧穿和焊缝过热，当两焊件的厚度不同时，焊炬的火焰应偏向厚件。

（5）焊接方向，指焊接时焊炬与焊丝的移动方向，可划分为左向焊法和右向焊法两种。

左向焊接的操作方法，即焊接过程是从右至左方向运走焊炬与焊丝，焊丝在焊炬前面移动，焊炬的火焰指向被焊工件的未焊部分，由于火焰是指向焊件的未焊部分，因此，左向焊法对金属有预热作用，在薄板焊接时速度快，生产效率高，而且操作简单，容易掌握，也是普遍应用的操作方法，其缺点就是焊缝易氧化，冷却较快。

右向焊接的操作方法，即焊接过程是从左至右方向运走焊炬与焊丝，焊炬在焊丝的前面作后退移动，焊炬的火焰指向工件已焊接成形的焊缝，并覆盖整个熔池，使周围的空气与熔池隔绝，所以能防止焊缝金属的氧化，减少焊缝气孔和夹渣的产生，同时还能缓慢焊缝区的冷却速度，有效地改善了焊缝的金相组织。右向焊接由于焰心距离熔池较近，火焰的热量较为集中，火焰的利用率较高，使熔池增深，所以右向焊接方法适用于较厚、熔点及导热性较高的工件，薄板焊接时，为减少变形也可以采用分段右向焊接方法。其缺点就是右向焊法技术难度大，不易掌握，一般操作者很少采用。

10. 安全操作规程

（1）气焊作业前，先清理作业区周边的易燃易爆物品，并对火焰可能涉及区进行有效的保护。

（2）气体开启后，检查连接处、气瓶阀、仪表、橡皮胶管等处是否漏气，只能采用耳听、鼻嗅和涂抹肥皂水等方法检验，严禁用明火的方法检漏。

（3）遵守气焊工艺施工，选择合适的焊嘴。

（4）氧气瓶、乙炔气瓶应稳固竖立，或装在专用车的架子使用。

（5）如搬动气瓶时，应轻拿、轻放，切忌野蛮抛掷。

（6）氧气瓶、乙炔气瓶均应避免在阳光下暴晒，或放在热源直接辐射以及电流感应区。

（7）遵守《气瓶安全监察规程》，严禁气瓶变动充装不符合规定的气体。

（8）气瓶应配置安全帽和专用的手轮以及专用扳手。

（9）工作完毕后，或者工作地点转移时，应关闭瓶阀，戴上安全帽。

11．焊接时应注意的事项

（1）在焊接开始时，如果是低碳钢，焊炬首先必须把焊件加热至熔化状态，形成熔池时方可加入焊丝；如果焊件是铜或铜合金或焊件是低碳钢进行钎焊，只需加热至临界温度即可加入焊丝。

（2）在焊接过程中，如熔池突然变大且没有液态金属流动时，则表示焊件即将烧穿，此时应提高火焰或变换焊炬角度或多加焊丝，如果有熔池不清晰、有气泡、火花飞溅或熔池沸腾现象，则说明火焰的性质不对，应及时调整火焰后，再进行焊接。

（3）在焊接过程中，如熔池内的液体金属被吹出或形成凹形焊缝，则说明气体的流量过大，应立即调整气流。

（4）在焊接过程中，应保持熔池的大小与深浅一致，才能保证焊出的焊缝均匀，一般通过经验的判断，随机调节焊炬的角度、高度和移动速度，如发现熔池过小，则增大焊炬的角度或降低火焰高度或降低速度；如发现熔池过大，则减小焊炬的角度或提高焊炬高度或加快焊接速度。

12．运炬方法

运炬方法是否正确，直接影响焊接的质量和焊缝的美观，是不容忽视的，焊炬在焊接时应根据焊件的厚度和材质来决定它的运行方法，一般焊接时按技术要求焊炬应作匀速协调的运动，这样可以不断地搅动熔池，排除熔池内的氧化物和非金属夹渣物，并可获得如鱼鳞状的焊缝。焊炬的运行方法，归纳可以分为三种，如图 5-14 所示。

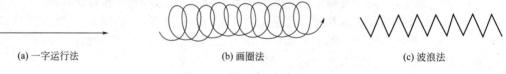

(a) 一字运行法　　　　　(b) 画圈法　　　　　(c) 波浪法

图 5-14　焊炬的运行方法

（1）一字运行法

该方法的技术特点是，焊炬在焊接时只沿着焊缝作直线运动，焊丝在焊炬的前面保持在焰心的前端，使焊丝的熔滴连续加入熔池，只在需要时进行高度和角度调整，此方法适用于焊缝较窄的较薄焊件。

（2）画圈法

该方法的技术特点是，焊炬在焊接时沿着焊缝两边作匀速连续的弧形画圈动作，不断地搅动熔池，焊丝保持在熔池的中心不作大的摆动，画圈法的难点在于匀速与摆幅两个动作，要求焊缝两边对称，边幅整齐，此方法能取得较大的熔池熔深，所以适用于焊件较厚和焊缝较宽的焊接。

（3）波浪法

该方法的技术特点是，焊炬在焊接时沿着焊缝两边作匀速摆动，不断地加热和搅动熔池，焊丝在焊缝中心添加熔滴，波浪法技术要求，两边摆幅对称整齐，摆幅间距均匀，此方法取得的熔池和熔深较浅，适用于一般的焊件。

以上三种运炬方法，在实际操作中，须灵活运用，在不同的方位上，可以用多种运炬和调整的方法穿插使用，方能取得理想的效果。

13．焊接方法

在气焊作业中，为了保证焊接质量，对不同方位的焊接，其操作方法有不同的技术要求，根据方位可以划分为平焊、横焊、立焊、仰焊、圆管焊五种。以下所提到的焊件厚度和焊条直径，都是以低碳钢为标准。

（1）平焊

平焊是焊接作业中最常用的一种焊接方法，其操作舒适、简单方便，容易掌握，而且效率高、焊接质量可靠，按技术要求又可细划为对接平焊、搭接平焊、角接平焊三种。

对接平焊的操作方法，如图5-15(a)所示，在焊接前首先将两块焊件进行定位焊，焊接时应注意使焊件两边受热均匀，熔池要保持在焊缝的中心线上，如果是薄板焊件，焊炬放小角度，焊丝处在焰心中，作快速向前移动。

如果是超薄板，应在做弯边处理后，再进行对接焊，焊接时可以不添加焊丝或少加焊丝，只需用焊炬火焰直接熔化弯边即可。

如果是较厚板对接焊时（2~4mm），对接处可预留1~2mm的间隙，如图5-15(b)所示，选用粗一点的焊丝（直径2~2.5mm），加大焊炬的角度和火焰能效，采用合适的运炬方法，以获取较好的熔深。

如果是厚板对接焊时（5~10mm），应开出60°~80°的坡口，留2~3mm的间隙，如图5-15(c)所示，焊接时选用直径3~4mm的焊丝和大能效的火焰，选用合适的运炬方法，先焊透坡口底层，再分层次焊接完成。

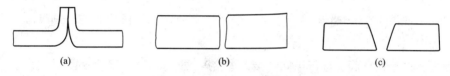

图5-15 对接平焊的三种接头形式

搭接平焊，有时候为了方便或增加力度，将两块板料进行叠搭焊接，如图5-16所示焊接时因为上块钢板是棱角受热，散热慢，熔化快，下一块钢板是中部受热，散热快，熔化慢，焊接时应注意两块钢板受热均匀，操作时焊嘴与焊缝不能成一条直线，焊嘴与焊缝走向形成45°角，焊枪混合气管倒向上钢板，与上下钢板的90°形成30°角，火焰偏向下块钢板。焊丝放在角的顶端，焊炬匀速摆动前移。

角接平焊的焊接，如图5-17所示，焊枪应与焊缝成一条直线，火焰中分90°，不能偏向立板，注意两块板均匀受热，如果两块板厚度不同，火焰应偏向厚板的一边，使其受热一致，焊接时，靠立板上的焊缝边缘，经常会发生咬边现象，这主要是立板上的熔化金属受自身重力和火焰吹力的影响而造成的，焊接时，焊丝应在形成熔池后才能添加，过早会造成未焊透，形成熔滴敷于表面，影响焊接质量。火焰摆动时，速度应控制得当，当火焰运行至立板一方的焊缝边缘时，应快速下移，这样可以保证焊缝的美观。

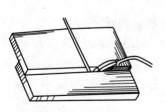

图5-16 搭接平焊

图5-17 角接平焊

（2）横焊

横焊是在立面的工件上进行横向焊接，技术难度大于平焊，主要是克服熔池金属自重下滴和火焰的吹力，造成焊瘤，按照接头形式，可划分为横向对接焊和横向搭接焊。

横向对接焊，如图 5-18 所示，首先必须进行定位焊，焊接时，焊嘴应与焊缝方向形成45°左右的角度，火焰偏向立面的上方，形成 70°左右的角度，同时减小火焰的能效，与平焊相比火焰应小 10%左右，焊炬应画圈运行，火焰始终向上倾斜，利用火焰的吹力，托住熔池内的金属，防止下滴，焊丝应不离熔池，并不断地将熔池金属向熔池的后上方拖拉，防止熔池堆积而造成下垂，咬边。

横向搭接焊，将两块钢板上下重叠，而焊缝是水平方向，这种焊法称为横向搭接焊，如图 5-19 所示，焊接时，火焰应对着下一块钢板的边缘，并向垂直的底部倾斜 50°左右，加热时，下块钢板的棱角受热较快，焊丝必须等到下面钢板加热至熔点时才能添加，并向后拖拉牵引，焊炬应画圈向前匀速运行，火焰稍向上偏移。

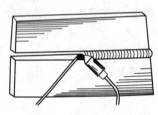

图 5-18　对接横焊

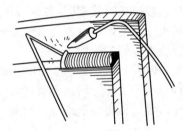

图 5-19　搭接横焊

（3）立焊

立焊的操作是在立面上进行纵向焊接，焊接时一般采用自下而上的焊接方法，立焊与横焊一样，都受熔化金属自重力作用的影响，焊缝难以成形，所以在技术操作上较难掌握，立焊根据搭接形式又可划分为对接立焊、搭接与角接立焊两种。

对接立焊的焊前接头定位与其他方位焊接一样，如图 5-20 所示，只是在焊接时焊炬角度与焊件应保持在 60°左右，火焰应向上倾斜，利用火焰的吹力托住熔池向前运行，同时火焰能效比平焊应减小 10%，焊丝放在焊嘴的前端，把熔池向上牵引，为防止熔池金属下滴，应尽量少添加焊丝，如果是在焊接薄板，熔深、熔池较浅小，应加快焊接速度，焊炬可适当小幅横向摆动，疏散熔池中的热量，促使液体金属冷却成形。

如果是焊接不需开口的较厚工件时（2～4mm），火焰可以适当大一点，始焊时，在焊缝的中心画圈加温，形成一个坡面熔池，待熔池的上边缘透底后，再加放焊丝，在焊接过程中，焊炬切忌上下运动，保持焊炬角度，在火焰托住熔池金属的同时，还要保持坡面熔池上行，这样不仅可以获得较美的焊缝，还可以得到质量的保证。

如果是焊接开坡口的厚工件时（5～10mm），火焰还可以适当大一点，但不要大于平焊的标准，焊丝选用稍粗一点的，焊丝随焊炬两边匀速摆动，如果是分层施焊，上层的摆动幅度应大于底层。

在焊接搭接与角接立焊时，其操作方法与对接立焊基本相同，如图 5-21 所示，焊炬自下向上匀速移动，火焰向上倾斜 60°左右，焊丝随着火焰作横向运动，疏散熔池的液体金属和热量，如果两块焊件的厚度不一样，火焰应偏向厚的工件，使两边同时受热熔化，防止一边过热，一边无熔池形成，同时注意熔池左右边缘的变化，避免咬边、塌陷等现象发生。

（4）仰焊

仰焊法就是焊件置于操作者的头顶，焊接面对着地面而仰面进行施焊的方法。它的施工难度与技术难度都大于前面几种焊接方法，如图 5-22 所示，操作时应注意如下工艺及操作规程。

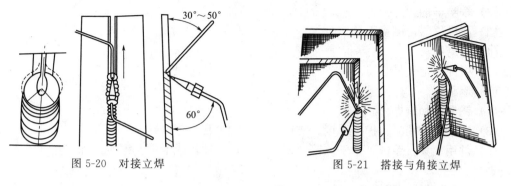

图 5-20　对接立焊　　　　　　　　　图 5-21　搭接与角接立焊

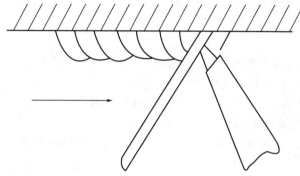

图 5-22　仰焊

　　仰面施焊时，胶管应有人帮忙牵拉或在旁支撑固定，以减轻焊工的劳动强度。同时注意不要将施焊点放在头顶，手向前斜伸，与身体形成 30°～40°的角度，防止飞溅或跌落的液体金属烫伤。

　　焊炬与焊件保持 60°左右角度，采用比平焊小 10％～15％的能效火焰和焊丝，依靠火焰的吹力，促使熔化金属保持在熔池中，焊炬可作适度摆动或跳跃运动加速冷却。

　　严格控制熔池的温度、大小及深浅，将熔池的液体金属始终保持在较浓的状态，如果是较厚焊件，必须采用分层施焊的方法，防止熔化金属下滴。

　　仰焊的焊缝形成与焊炬角度、火焰的大小、运炬方法以及焊接方向都有很大的关联，在焊接时一定要灵活运用，及时调整，始终保持熔池表面的集合力。

　任务实施

项目　桁架结构轿车顶盖与立柱焊接

　1. 项目描述

　　由于桁架结构车身顶盖与立柱的接头是处于车身的表面钢板位置，在维修作业时，必须遵循原厂的连接方式与连接材料，按照维修的工艺流程进入任务施工程序，对该处的铜钎焊焊接不仅要求焊接强度，还要求达到良好的密封性。

　2. 设备工具及耗材

　（1）氧-乙炔焊接设备。

（2）教学车辆。

（3）测量仪器与测量工具。

（4）打磨工具。

（5）板件固定夹具。

（6）遮蔽布。

（7）铜焊条和铜焊粉。

（8）安全防护用品：护目墨镜，防护服，防护手套，劳保鞋。

（9）常用工具：手锤、凿子、钢丝刷、钢丝钳、铁丝或卡箍、钢质通针、开气扳手、打火枪等。

（10）辅助材料：脱漆剂、砂纸。

3. 操作步骤

（1）焊前清理

① 在焊接前首先必须将焊接区的涂层清除，如是原厂件，只需用脱漆溶剂清除表面漆层即可；如果已修复过，需用磨光机进行除灰打磨。

② 在处理好表面涂层后，原厂件的焊缝口有的施涂有密封胶，应用塑料焊枪或其他工具加温除掉，或用其他方法刮掉。

③ 在清除密封胶后，应对焊接区用砂纸进行打磨，把焊件表面的底漆及其他残存物除尽，板面光亮。

④ 在做完以上工作后，应用除油剂或汽油及其他有除脂功能的溶剂，对焊件表面进行除油、除尘等清洁处理。

（2）焊件定位

在焊件的清理工作完毕后，对焊件进行焊接定位，桁架结构车身顶盖与立柱是属于搭接焊接头，不需要预留焊接间隙，只需在定位时对尺寸精心测量，然后用大力钳等夹具将顶盖与立柱进行定位即可，同时对焊接区域的周边部件进行可靠的保护。

（3）焊炬与焊嘴的匹配

在焊接前所有准备工作完工后，应慎重选用与焊件规格相匹配的焊炬、焊嘴，一般轿车车身上表面钢板厚度较小，大约在 0.7～0.8mm，适用于 H01—6 的焊炬和 3 号以下的焊嘴，同时选用合适型号和直径的铜焊条以及有效铜焊粉进行焊接。

（4）火焰选择

在进行铜钎焊焊接时，应尽量使用中性焰，尽量避免用氧化焰和碳化焰。调节方法：在打开氧气瓶和乙炔气瓶阀门后，然后先后开启焊炬上的乙炔气和氧气阀进行点火，点火后再调节氧气阀调出明显的碳化焰后再缓慢调大氧气阀直到白色外焰距蓝色 2～4mm，此时外焰轮廓已模糊，即内焰与焰心将重合，此时的火焰为中性焰。

（5）铜钎焊焊接施工

① 点火时，先把焊枪的氧气阀松动一下，再开启乙炔气阀进行点火，这样可避免点燃时黑烟的生成（割枪，则先开启预热氧气阀），如果听到"啪"的响声，说明氧气过大或乙炔气不纯，应减少氧气量或放出胶管内的不纯乙炔，如果火焰远离焊（割）嘴，说明乙炔气过大，如果此时加大氧气，则会吹灭火焰，应减少乙炔即可。

② 根据车身板件的位置、几何形状和尺寸，选择正确的焊接方法、角度。

③ 在进行铜钎焊焊接时，焊缝应平稳快速地一次性完成焊接，不允许反复施焊，避免焊缝出现晶粒子增粗和铜钎料流失等现象，造成焊缝质量下降和外观缺陷。

④ 在立焊、横焊、仰焊作业时，应选用比平焊小一号的焊嘴，防止熔滴下垂。针对三

种施焊方式，在加热时应该作出相应的技术处理，立焊、横焊加热时，下端不宜加热过多，若下端温度太高，则会因重力和铺展作用使液态钎料向下流失；仰焊加热时，两边应同时受热，但受热温度不宜过大，应比平焊温度小 10％左右，防止液态钎料向下垂滴。

⑤ 对于撕裂的薄板焊件，应从裂缝的止端处起焊；两块薄板对接焊时，应先进行定位焊，再进行分段焊接或反向分段焊接，尽量减少热变形。

⑥ 使用氧-乙炔设备进行铜钎焊操作时，除了应注意上述的一些操作技术要领外，铜焊粉的适时添加也很重要，其操作方法：先用火焰把铜焊条加热，沾上铜焊粉，随后将火焰转移到焊件上进行加热，当焊件呈橘红色时，即可把沾有铜焊粉的铜焊条靠近焊缝烧熔，溶入焊缝，焊条随焊炬火焰向前移动，并不断加热熔料，及时蘸取焊粉，以形成连贯的焊缝。

⑦ 在焊接时，如果出现熔化的铜焊料不扩散成球状呈现在焊缝的接合处，而不附着于工件表面或焊缝处的现象，属于焊料过早熔化而被焊金属尚未达到焊接温度，或被焊板件金属及焊缝处的前期清洁处理不彻底，应及时对焊接区域进行升温或停止焊接进行清洁处理。

⑧ 在铜钎焊焊接时，当观察到铜钎料熔化后，应将火焰稍稍离开工件，等钎料填满间隙后，焊炬缓慢移到接头，继续加入少量钎料后再移开焊炬和钎料。

⑨ 当焊接完工后，应及时对焊缝进行清理，清除熔渣时，先用小铁锤在焊缝表面轻轻敲击除去铜焊粉结膜物，然后用钢丝刷进行清理。

⑩ 检查焊缝质量是否达到要求：

a. 焊缝接头表面光亮，填角均匀，光滑圆弧过渡。

b. 接头无过烧、表面严重氧化、焊缝粗糙、焊蚀等缺陷。

c. 焊缝无气孔、夹渣、裂纹、焊瘤等现象。

（6）常见钎焊缺陷及处理对策

常见钎焊缺陷及处理对策见表 5-5。

表 5-5　常见钎焊缺陷及处理对策

缺陷	特征	产生原因	处理措施	预防措施
钎焊未填满	接头间隙部分未填满	(1)间隙过大或过小；(2)焊件表面不清洁；(3)焊件加热不够；(4)钎料加入不够	对未填满部分重焊	(1)装配间隙要合适；(2)焊前清理焊件；(3)温度过热或过低；(4)加入足够钎料
钎缝成形不良	钎料只在一面填缝，未完成圆角，钎缝表面粗糙	(1)焊件加热不均匀；(2)保温时间过长；(3)焊件表面不清洁	补焊	(1)焊件接头均匀加热；(2)钎焊保温时间适当；(3)焊前焊件清理干净
气孔	钎缝表面或内部有气孔	(1)焊件清理不干净；(2)钎缝金属过热；(3)焊件潮湿	清除钎缝后重焊	(1)焊前清理焊件；(2)降低钎焊温度；(3)缩短保温时间；(4)焊前烘干焊件
夹渣	钎缝中有杂质	(1)焊件清理不干净；(2)加热不均匀；(3)间隙不合适；(4)钎料杂质量过高	清除钎缝后重焊	(1)焊前清理焊件；(2)均匀加热；(3)合适的间隙
表面侵蚀	钎缝表面有凹坑或烧缺	(1)钎料过多；(2)钎缝保温时间过长	机械磨平	(1)适当钎焊温度；(2)适当保温时间
氧化	焊件表面被氧化	使用氧化焰加热	除去氧化物	使用中性焰加热
钎料	钎料流到不需钎料的焊件表面或滴落	(1)钎料加入太多；(2)加热钎料时间长；(3)加热方法不正确	表面的钎料应打磨掉	(1)加入适量钎料；(2)控制钎料温度；(3)正确加热
过烧	焊件或焊缝表面氧化皮过多，所焊接头形状粗糙，有不光滑发黑现象	(1)钎焊温度过高；(2)钎焊时间过长；(3)反复加热、填料	清除钎缝后重焊	控制好加热时间和加热的温度

(7) 补焊技术要求

在铜钎焊焊缝出现有焊接缺陷现象时，需要进行必要的补救措施，注意不是所有焊接缺陷都能采用补救的，其条件如下：

① 不能采用补焊的几种接头

a. 焊缝出现晶粒子增粗现象。

b. 接头处已经熔蚀。

c. 焊缝处出现过烧裂纹现象。

d. 焊缝已经补焊过一次的。

② 能采用补焊的几种接头

a. 接头间隙部分未填满。

b. 钎料只在一面填缝，未完成圆角，或出现粗糙。

c. 钎缝中有杂质。

d. 焊缝有气孔。

 学习评价

1. 理论考核

(1) 分析题

① 铜钎焊的原理与特征。

② 铜钎焊各种技术参数对焊接质量的影响。

③ 铜钎焊全方位焊接各个技术要领。

④ 铜钎焊缺陷产生和处理措施。

(2) 判断题

① 铜钎焊是熔接焊的一种。 （　　）

② 铜钎焊焊接时只需要焊料就可以有效进行焊接。 （　　）

③ 铜钎焊焊接时为了保证质量应该进行反复施焊。 （　　）

④ 在铜钎焊焊接时，如果温度不足应该使用氧化焰。 （　　）

(3) 选择题

① 在进行铜钎焊焊接时，如果焊缝出现夹渣现象，应该（　　）。

A. 清除钎缝后重焊　　　　　　　　B. 反复施焊

C. 增加温度　　　　　　　　　　　D. 添加钎料

② 在铜钎焊完成后，焊缝出现晶粒子增粗现象，是属于（　　）。

A. 使用了碳化焰　　　　　　　　　B. 钎料过多

C. 钎料有杂质　　　　　　　　　　D. 反复施焊

③ 射吸式焊炬的燃烧气体是在什么地方混合（　　）

A. 混合室混合　　　　　　　　　　B. 焊管混合

C. 焊嘴混合　　　　　　　　　　　D. 不需要混合

④ 乙炔气的储存状态是（　　）

A. 气态　　　　　　　　　　　　　B. 液态

C. 溶解状态　　　　　　　　　　　D. 常规状态

2. 技能考核

项目　桁架结构轿车顶盖与立柱焊接见表5-6。

表 5-6 轿车桁架结构车身顶盖与立柱的焊接

基本信息	姓 名		学 号		班 级		组 别	
	规定时间		完成时间		考核时间		总评成绩	

	序号	步骤	完成情况		标准分	评分
			完成	未完成		
任务操作	1	考核准备 设备与工具 相关表格			10	
	2	操作流程			10	
	3	操作规范			5	
	4	操作技巧			5	
	5	铜钎焊操作实施			5	
	6	铜钎焊操作应变能力			5	
	7	铜钎焊焊接缺陷处理			5	
	8	铜钎焊焊接质量			5	
	9	全方位焊接能力			5	
	10	综合素质			5	
沟通能力					10	
掌控能力					10	
技术能力					10	
熟练程度					10	

学习任务六

锡铅焊焊接

工作情境描述

在客户车辆正面受到严重撞击时，其水箱散热器因挤压变形受损，作为车辆维修人员，请根据锡铅焊的维修工艺对水箱散热器进行修复。

学习目标

1. 了解水箱散热器的结构及材质；
2. 熟悉锡铅焊的原理、特征及操作规程；
3. 根据锡铅焊焊接工艺独立完成水箱散热器焊接作业。

 知识准备

1. 水箱散热器的结构连接方式

普通金属水箱散热器是由进水口、出水口、上水室、下水室、散热器片、翼翅片和两侧支架板等组成。它们之间的连接都是用锡铅焊焊接在一起，见图6-1。

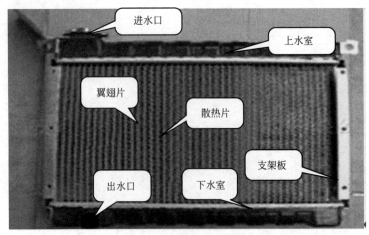

图6-1　水箱散热器结构

2. 锡铅焊的原理及特征

（1）锡铅焊（除火焰钎焊外），一般情况下就是利用烙铁的烙铁头来进行焊接，其原理靠烙铁头积聚的热能量来熔化焊料，操作时将热烙铁挂锡后，接触焊件的焊缝，在加热钎焊处的同时将焊锡流向焊缝之中进行填充衔接，从而完成工件的焊接。

（2）锡铅焊在焊接时，必须依靠焊剂的辅助功能，方可完成施工作业。

（3）由于锡铅料的熔点较低，焊件的应力与变形非常小，所以适应超薄板、仪表、易熔金属和尺寸精度要求较高的焊件焊接。

（4）锡铅焊的效率非常高，一次可以几条或者多条焊缝同时进行焊接，而且可以对其他焊接方法无法完成的结构与形状复杂的接头进行焊接。

（5）锡铅料如果含铅量高于 10％，不能用于食用器皿的焊接。否则，铅含量大时，易引起人身中毒。

3. 锡铅焊料

锡钎焊料的选用，都有一定的技术要求，牌号不同，其成分、用途也有区别，一般在焊接之前，应根据焊件的质量要求以及用途来选用。

（1）锡铅焊料分为：锡基钎料、铅基钎料。锡基钎料含锡量高，流动性好；铅基钎料含铅量高，硬度大、强度高。

（2）如果使用牌号不明的锡铅料，可依据颜色来判断，颜色越白越亮，表示含锡量就越高，反之，颜色越灰暗，则表示含铅量越高。

（3）如果锡铅料是条状体，可通过物理方法进行判断，一般锡含量高的，弯曲时较柔并发出清脆的细碎响声。

（4）好的锡铅料表面无气孔，无夹渣，晶体细腻，颜色均匀一致，断面检查与外表无二。在汽车维修焊接作业过程中，一般常用的锡铅焊料的含锡量为 30％～40％。常用的锡铅焊料牌号、成分、用途见表 6-1。

表 6-1　常用锡铅焊料的牌号、成分及用途（化学成分/％）

牌号	名称	Sn	Sb	Pb	用途
料 602	30％锡铅焊料	29～31	1.5～2.0	余量	用于钎焊散热器、仪表、无线电元件等
料 603	40％锡铅焊料	39～41	1.5～2.0	余量	用途同上

4. 锡铅焊剂

锡铅焊剂的种类很多，锡铅焊接时，可根据不同材质的工件，针对各类钎剂作用与性能等特征，进行选用。

（1）氯化锌溶液，是锡铅焊作业中最常用的一种钎剂，一般在大的部件上使用，在化工店或焊接材料专业店都可以购买，也可以自己配制，制作方法：把盐酸倒入玻璃瓶内（注意：切不可用金属器皿盛装盐酸），不断地加入锌块（一般用废电池的外壳锌皮代替），反应至不冒气泡为止，如果冒气泡就继续投放锌块。焊接铜质工件时，配制的氯化锌溶液需加入50％的清水稀释使用；如焊接钢质工件时，配制的氯化锌溶液只需加 30％的清水稀释即可使用，氯化锌溶液具有一定的腐蚀性，在焊接完工后，必须进行必要的清洗与清理。

（2）稀盐酸，是锡铅焊钎剂一种，一般使用于较大的部件上，可以直接作为镀锌铁皮的钎剂直接施涂在焊缝处，如果是浓盐酸，在使用时根据工件材质的需要，适当加入清水稀释即可使用，稀盐酸作为焊剂，腐蚀性较强，在焊接完工后，应该把已经施涂稀盐酸的焊缝处进行彻底清理。

（3）焊锡膏，是由 74％的石油胶、20％的无水氧化锌、5％的氯化铁以及 1％的水等成

分配制，但焊锡膏具有腐蚀性，在焊接完工后应及时将焊接区残存的药膏清除。

（4）松香，一般用于仪表、无线电等精密零件的焊接钎剂使用，用松香作为焊剂具有四大优点，其一：能溶解氧化物；其二：可以减少氧化反应；其三：易清除，松香加热后与氧化铜反应，形成一种绿色透明状物质（铜松香），易溶入未反应的松香内与松香一起被清除；其四：不具有腐蚀性，即使有残留，也不会腐蚀金属表面。

松香作为焊剂可以直接使用，也可以将松香溶化在酒精内使用，溶化方法：在一个小铁盒内倒入酒精后，用火点燃，将已敲成粉末的松香洒入其中，待粉末溶化为膏状时，吹灭火焰即可。

5. 锡钎焊的接头工艺

锡钎焊一般适用于薄板料，在日常施工中，为了达到焊件的技术和强度要求，一般在接头的形式上进行工艺处理，最常见的接头形式有搭接、拼接、咬接、套接、T形接头等，如图 6-2 所示。

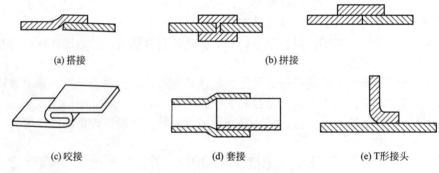

图 6-2　锡钎焊的接头形式

6. 水箱维修常识

（1）接管修理，当水箱外层少数芯管损坏长度不大时，可以采用接管法进行修理，用剪刀切除芯管上的破损部分，接上补换芯管。

① 操作方法：先用尖嘴钳清除破损芯管两边的散热片，再用剪刀剪下芯管的破损部分，为方便套接操作，应把切口剪成一定的斜度（约 15°～30°）。随后选一段芯管，按破损芯管的角度剪切坡口，长度比剪切的部分略长 5～10mm，并将两端扩成喇叭口，以方便套接。

② 从水箱的芯子两端分别插入整形捅条，把芯管的切口整好后，抽出捅条，随后将接管套好，再插入整形捅条，同时将两个接口整平使接口相互套合，随后就在接口处涂上氯化锌熔液，进行锡铅焊焊接。

③ 芯管焊接好后，剪两截长度相当的旧散热（翼翅）片卡在接管的两边，如果没有，可用 0.3～0.5mm 厚的铜片，按照散热片的尺寸剪切，折成锯齿的形状，卡在接管两边。用烙铁在中间点两处焊点，防止脱落，最大限度地恢复芯管的散热功能。

（2）其他焊接，当芯管的损伤程度低于换管，而又高于轻微伤不能直接施焊时，可以用补管法进行修复，操作方法：先清理查明伤口的范围，再于换下的旧管上剪一块比伤口周边略大一点的材料，经过焊前整理后，放在补贴处，随后在焊缝上涂上氯化锌溶液，进行锡铅焊焊接作业。

（3）水箱芯子经过换管、或套管、补管及砂眼补焊等施工后，再仔细检查一遍，得到确认后，就进行水室装配，操作方法：非压边式直接将水室放在主片上，使水室与主片完全吻合，再锡铅焊进行焊接，焊接时一般先从水室的两侧施焊，再进行前后焊接，这样可以防止水室变形。

如果是压边式，应先将水室放进主片的翻边内，用小平锤把翻边依次敲实吻合，再于焊缝上涂氯化锌溶液，在压边处进行锡铅焊焊接。

（4）清理检验，在所有需焊接的地方已焊接后，应对芯管上的焊接处用毛刷进行清洗，然后进行渗漏检验，如有漏点，及时施焊，确保焊接质量。

（5）在芯管修补作业中，切忌对应需更换芯管进行掐管堵焊，这样看起来是方便了许多，但影响了水箱的散热功效，可能造成水温上升等后果。

7. 安全操作规程

（1）在实施锡铅焊作业的准备工作中，应先做好安全防护措施，清理周边场地，必要时进行隔离保护。

（2）在锡铅焊前应对焊件进行检查，如果是焊接用途不明的盛装容器，还要检查是否有易燃、易爆物品。

（3）用盐酸作为锡铅焊焊剂时，操作时一定要谨慎，如不慎溅入眼中，应立即用清水冲洗，再送医院治疗。

（4）用电烙铁进行锡铅焊焊接时，不能使用火焰加热，否则，可能造成后面的电能部分损坏，下次通电作业时有触电的危险。

（5）焊接完工后，混合气源设备，必须关好阀门，使用的烙铁不得随意丢放，防止热烙铁烧坏东西或引发火灾。

 任务实施

项目　水箱散热器锡铅焊

1. 项目描述

汽车水箱散热器，是汽车冷却系统中主要机构；其功能是给正在工作的汽车发动机散热，其工作原理：冷却水在水套中吸收热量，通过散热器后将热量散去，再回到水套内而循环吸收热量，从而达到散热调温的效果。

水箱散热器材质一般是薄铜片，要求具有散热性和密封性，所以在实施锡铅焊作业时，除了追求焊接强度外，还要注重其密封性能。

2. 设备工具及耗材

（1）热源焊接设备。

（2）水箱散热器。

（3）锡铅焊料。

（4）锡铅焊剂。

（5）安全防护用品：护目镜，防护服，防护手套，劳保鞋。

（6）常用工具：手锤、凿子、钢丝刷、钢丝钳、刮刀、打火枪等。

（7）辅助材料：清洁剂、砂纸、清洁布等

3. 操作步骤

水箱散热器焊接修复，一般根据受损状况将它划分为两个修复方式：一种是常规修复焊接方式，其修复方法是直接用锡铅焊料把腐蚀的水箱散热器管壁破损的地方进行焊接封闭即可；一种是事故碰撞修复焊接方式，其修复方法如下：

（1）水箱矫正

当水箱因事故撞击变形后，首先必须进行矫正，如水箱比较薄小，只需将水箱放在一块木板上，U形面向下，上面再放一块木板，人站在上面施压即可回位，需要时可用木锤辅助整形。

如果是较厚较大的水箱，可用手动压床进行矫正，水箱的摆放参照上述方法，只是注意将变形水箱的弧形中心点对准压床丝杠顶，以利于均匀受力。如图6-3所示。

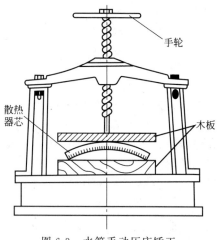

图6-3　水箱手动压床矫正

（2）水箱表面清洗

对水箱表面的清洗，目的是清除散热片上的污物，以确保对损坏部位检查的精确度，同时可以提高表面的散热效果。清洗的方法有两种：用高压水枪进行喷洗，喷洗时将水枪调成有一定压力的雾状；有条件的地方可以用水蒸气清洗，如图6-4所示。

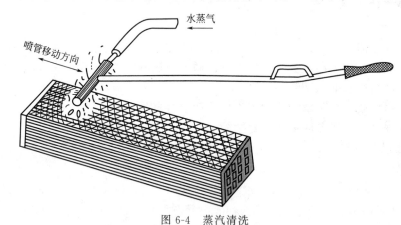

图6-4　蒸汽清洗

（3）漏水检查

在水箱维修过程中最关键的一项就是漏水检查，检查方法有两种：直观检漏法和气压检漏法。

直观检漏法，实际上是一种经验判断，主要适用于常规维修和轻微事故碰刮，在水箱未清洗前进行观察，一般水箱是否漏水，只要观察外表有无水垢即可，因为渗漏的地方都有明显的水锈痕迹，如果水箱有水，就有潮湿的水迹。在检查轻微碰刮的水箱时，还可以从明显的新鲜刮痕处查找渗漏。

气压检漏法，就是将压缩空气引入水箱内，堵住进出水管口，然后将水箱放入清水池内，检查水箱的密封性，如果有冒气泡溢出，说明该处洞穿漏水。在使用压缩空气时，气压不宜过大，因为压力过大，可能会造成水箱内的水垢沉积物堵塞渗漏处，反而给检漏造成困难。如图 6-5 所示。

经过变形矫正的水箱，如果直接做气压检漏测试，气流会从大的伤口和裂缝中跑出，无法检查出较小的漏点，只有先用直观检漏方法从外表的碰撞处和撕裂处查寻需要更换和修理的地方。

（4）解剖水室

水箱的换管、接管、捅洗水箱，都要解剖上下水室，解剖前应把需脱焊的焊缝进行污物清洁处理，再用稀盐酸清理氧化物，然后涂上氯化锌溶液。

将脱焊的焊缝垂直摆放，然后用空气-汽油火焰或氧-乙炔小号焊嘴火焰，也可用大号烙铁等给焊缝加热，使焊锡熔化，并轻轻敲打水室，促使焊锡迅速淌下，无压边的水室此时便可与主片分离。有压边的水室，此时用钢片小心撬开压边，待冷却后拆下水室。如果水室有碰撞变形的地方，可用木锤敲击修复。

（5）捅管清洗

如果是事故修复，在捅洗之前应对芯管进行整形。操作方法：将水箱芯子固定在一个工作台上，将特制捅片插入芯管中，特制捅片是用弹簧钢做成的，顶端角与周边角，都已倒成光滑的圆角，防止碰伤管壁，它的截面尺寸规格比捅洗捅条稍大，以能插入而不用力即可，如图 6-6 所示。在插入管中后，对碰刮变形处进行整形修复。

在芯管整形完工后，应对芯管进行捅洗，捅洗是一种廉价而又快速可靠的芯管内腔清洗方法，不管多坚硬的水垢都能清除，是当前盛行的清洗方法。操作方法：就是用捅片把芯子上的每一根芯管从上至下地捅过，使芯管内壁的水垢脱落，随后用高压水枪对准芯管口冲洗一遍即可。

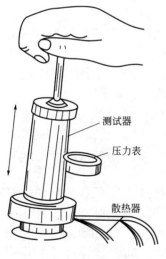

图 6-5　气压检漏法

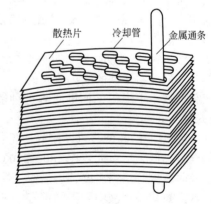

图 6-6　水箱通条

清除水垢，还可用化学方法，先将水箱置入 3％～5％ 的碳酸钠（Na_2CO_3）溶液中，浸泡 5～8 小时，溶液温度应保持在 80℃ 左右，取出水箱时用清水冲洗。然后将水箱放入 3％～5％ 的盐酸（HCl）溶液中浸泡 1 小时，取出时再用清水冲洗干净。

（6）芯管更换

当水箱的芯管破损严重、缺口较大，或内层芯管破损而无法焊补时，一般采用更换芯管

的修理方法，更换芯管修理的标准：高档车、停产车、更换芯管总数不超过20％，低档车更换芯管总数不能超过10％，否则，予以报废。

更换水箱芯管就是将损坏的芯管加热后，从芯子上抽除，然后换上新的芯管。具体操作方法：将水箱芯子放在工作台上，插入整形捅片，用火焰或喷灯对准损坏需更换芯管，进行加热，加热应沿着损坏芯管上下进行，如图6-7所示，当焊锡熔化后，即从翻边面用尖嘴钳拔出芯管。在加热时应特别小心，不要烧坏芯管上的散热片，抽出芯管时也应小心，不要把散热片弄乱，给后面的工作带来麻烦。

安装芯管时，在待装芯管中应先插入整形捅片，如图6-8所示，然后对准芯子上的孔眼，小心缓慢地推入，当定位后把芯子竖起，在翻边的一面用专用工具，将芯管的顶端扩胀开，使芯管与主片完全吻合，再把芯管与主片焊好。

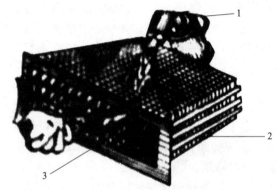

图 6-7　芯子加热抽除芯管

1—喷灯；2—散热芯；3—抽芯管

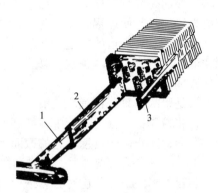

图 6-8　芯管回装方法

1—推杆；2—导向套管；3—散热芯管

（7）装配焊接

① 焊接前应对焊件进行定位，尺寸精确，接头牢靠不松动。

② 焊件的表面及焊缝氧化层、油污、应清理干净，氧化层可用刮刀和断锯条清除，不便清除的可用盐酸腐蚀清除，油污可用汽油或天那水清除。

③ 施焊前，应先用锉刀对烙铁进行清口，然后使烙铁加热至能熔锡料温度，将烙铁口浸入氯化锌溶液中再拿起，在锡料上拖一下，使烙铁口镀上一层锡。

④ 用火焰给烙铁加热时，只能对着烙铁的大头，不能对着烙铁口燃烧，如用热炉给烙铁加热时，只能将烙铁的大头放入火炉中，烙铁口向上。因为直接燃烧或高温都会使烙铁口出现氧化，沾不上焊锡，如果遇到这种情况，应停止焊接，待烙铁冷却后，按上述方法清口、镀锡操作一遍。

⑤ 烙铁温度的高低，对焊接的质量、速度都有很大的影响，因锡焊料的熔点较低，无论锡的含量高低，熔点大致在180～280℃之间，所以烙铁的加热温度最好不要高于600℃。因此，及时掌握好烙铁温度，也是锡钎焊最基本的操作技术，在焊接过程中，一般是根据受热烙铁放入氯化锌溶液中发出的声音，来判断温度的高低，如温度过高，会发出剧烈的油炸声；如温度适宜，只是发出"吱、吱"声音，拿起烙铁观看，烙铁口呈亮白色；如温度过低，只会发出很小的"嘶、嘶"声。

⑥ 烙铁锡焊的操作方法有两种：其一，将已镀锡的烙铁经加热后直接沾上锡，然后将烙铁移到焊件上，给焊件加热的同时，使焊锡熔入焊缝中，如图6-9所示；其二，右手手持烙铁，左手将经过加工成条状的焊锡，放在焊缝上，用烙铁的温度直接熔化焊锡进行焊接，如图6-10所示。

图 6-9　烙铁挂锡焊接

图 6-10　烙铁熔锡焊接

⑦ 对于经过清理的焊缝，特别是用盐酸处理过氧化层的焊缝，如不能及时焊接，为防止处理面再次氧化，焊接前应进行挂锡处理。大的工件可以用烫锡法，操作方法：在焊缝清理干净后，涂上一层氯化锌溶液，然后用加热的烙铁把焊锡薄薄地烫一层上去，使处理面不裸露；对于批量大而工件又小的，可以采用镀锡法，操作方法：把焊锡熔化在一个铜质锅里（注意：熔液温度过高，液表会产生氧化物，影响镀锡质量），将经清洁处理过的焊接处涂上一层氯化锌溶液，然后放入熔液中约 1～2min 即可拿出；如果有条件对焊件加温，只需将焊接处从熔液中走一趟即可，这种方法适用于流水作业。

⑧ 对于接头经过工艺处理的焊件，由于其焊缝的搭接覆盖面较宽，为了保证焊接质量，一般采用渗焊法，这种焊接方法操作起来技术难度比较大，要求两焊件的搭接面必须平整，间隙适中，若间隙过大，既浪费焊料又不牢固；若间隙过小，搭接面无法渗进焊料。为了消除焊接缺陷，必要时可采用如下技术处理：

a. 钻孔法，就是在焊件的搭接部分上均匀地打几个孔，以方便焊锡的渗入，这种方法适用于搭接、拼接和套接。

b. 镀锡法，就是将两焊件的结合面上均匀地镀上一层锡，再互相搭接吻合，然后进行焊接。必要时，可用烙铁在焊件结合面上烙压，以帮助熔合。

⑨ 镀锌铁皮（俗称白铁皮）的焊接，因它的材质与其他材料的材质不同，表面有一层镀锌层。在焊接前进行焊缝处理时，只需涂上盐酸即可，不需做其他清洁工作，这如同将锌放入盐酸内，会生成氯化锌溶液一样。此时若用抹布擦去污水，即可进行焊接，但质量不能保证，按照技术要求，焊缝还必须涂刷一次盐酸，才能进行焊接。

（8）水箱散热器焊接时注意事项

① 在锡焊作业过程中，如发现焊缝不能填满或焊缝塌陷，说明两焊件的间隙过大，应及时调整间隙。

② 焊接时，如发现焊缝成形不好，宽窄不均匀，或出现夹渣，则说明焊件表面的清理工作没有做好，应重新进行氧化层处理或污物清洁处理。

③ 焊接时，如发现焊锡难于附着，可能是钎剂不匹配或钎剂的活性不良，应该更换与材质相匹配的或未失效的钎剂。

④ 在焊接时，如发现焊锡流动不好或晶粒增粗，可能是烙铁的温度下降，不能熔化焊锡所致，应立即加热。

⑤ 在焊接时，如果焊锡随着烙铁移动，可能是焊件的温度不够，表面清洁不好或钎剂未起作用，应放慢焊接速度或进行相应的处理。

⑥ 在焊接过程中，氯化锌溶液有时用于清理氧化物，有时用于焊接部位，因用途不同，应分开盛装，不要混合使用，以免降低能效。

⑦ 用烙铁进行锡焊施工时，因焊接处的加热要靠烙铁积聚的热能量转移传输，所以操作时应尽量保持烙铁头与焊缝面的最大接触。

（9）水箱散热器使用注意事项

① 散热器不应与任何酸、碱或其他腐蚀性性质接触。

② 建议使用软水，硬水需软化处理后使用，避免造成散热器内部堵塞及水垢的产生。

③ 在使用防冻液时，为了避免散热器的腐蚀，请务必使用正规厂家生产且符合国家标准的长效防锈防冻液。

④ 在安装散热器过程中，请不要损坏散热翼翅和碰伤散热器，以保证散热性和密封性。

⑤ 散热器更换冷却水，在再次注水时，要先将发动机缸体的放水开关扭开，有水流出时，再关上，从而避免产生水泡。

⑥ 在日常使用中应随时检查水位，要停机降温后加水。加水时，将水箱盖慢慢打开，作业人员身体应尽量远离加水口，以防高压蒸汽和沸腾水由加水口喷出造成烫伤。

⑦ 在冬季为防止结冰造成芯管破裂现象，如长期停车或间接停车时，应将水箱盖和放水开关打开，将里面的水全部放出。

⑧ 定期清洗水箱散热器，防止芯管被脏物阻塞而影响散热性能，减少散热器使用寿命。

（10）清理检验

焊接完毕待工件充分冷却后，用水冲洗表面的剩余焊剂残留物，并用较硬的钢丝刷擦洗金属表面，如果没有清理掉焊缝的焊剂残渣，油漆就不能很好的粘附，而且接头处还可能产生腐蚀和裂纹。

当焊缝清理干净后，即对焊缝进行质量检验，如发现咬边、溶蚀、漏焊、焊锡不均匀等现象，应及时采取补焊措施。

 学习评价

1. 理论考核

（1）分析题

① 锡铅焊的原理与特征。

② 锡铅焊各种技术参数对焊接质量的影响。

③ 锡铅焊的几种焊接方法技术要领。

④ 锡铅焊缺陷产生和处理措施。

（2）判断题

① 锡铅焊属于硬钎焊其中的一种焊接方式。　　　　　　　　　　　　　　　　（　　　）

② 锡铅焊焊接锌板时，可以用氯化锌作为焊剂。　　　　　　　　　　　　　　（　　　）

③ 可以用氧-乙炔焰直接对水箱散热器进行锡铅焊焊接。　　　　　　　　　　（　　　）

④ 用电烙铁进行锡铅焊焊接时，如果温度不足可以用火焰进行加热。　　　　（　　　）

（3）选择题

① 在进行锡铅焊焊接时，如果焊缝出现圆珠现象，应该（　　　）。

A. 温度不足　　　　　　　　　　　　　B. 清洁不彻底

C. 钎料不匹配或失效　　　　　　　　　D. A、B、C三种情况都存在

② 在锡铅焊焊接时，焊缝上出现粗糙现象，是属于（　　　）。

A. 温度不足　　　　　　　　　　　　B. 钎料有杂质

C. 钎剂不匹配　　　　　　　　　　　D. 反复施焊

③ 用锡铅焊焊接食用餐具时，锡铅焊料中的铅含量不应大于（　　　）。

A. 10%　　　　　　B. 20%　　　　　　C. 30%　　　　　　D. 没有规定

④ 锡铅焊焊接时，如果焊缝出现不能填满现象，原因是（　　　）。

A. 温度过高　　　　　　　　　　　　B. 间隙过大

C. 焊料不匹配　　　　　　　　　　　D. A、B 两种情况存在

2. 技能考核

项目　水箱散热器锡铅焊见表 6-20。

表 6-2　水箱散热器锡铅焊

基本信息	姓　名		学　号		班　级		组　别	
	规定时间		完成时间		考核时间		总评成绩	
	序号	步　骤		完成情况		标准分	评分	
				完成	未完成			
任务操作	1	考核准备 设备与工具 相关表格				10		
	2	操作流程				10		
	3	操作规范				5		
	4	操作技巧				5		
	5	锡铅焊操作实施				5		
	6	锡铅焊操作应变能力				5		
	7	锡铅焊焊接缺陷处理				5		
	8	锡铅焊焊接质量				5		
	9	几种锡铅焊焊接能力				5		
	10	综合素质				5		
沟通能力						10		
掌控能力						10		
技术能力						10		
熟练程度						10		

学习任务七

铝焊焊接

工作情境描述

在客户的轿车铝质板件受到严重撞击而撕裂时，作为车辆维修人员，请根据铝质车身板焊接的维修工艺及 MIG 焊接适用范围，对受损的铝质板件进行焊接修复。

学习目标

1. 了解铝质板件的修复工艺；
2. 熟悉 MIG 焊的焊接原理、特征及操作规程；
3. 根据 MIG 焊的焊接工艺独立完成铝质板件焊接作业。

 知识准备

1. 铝在车身板中的使用

（1）铝被用于车身材料的原因

① 铝材在车身上的使用，与节约能源和保护环境有很大的关联。节约能源的最有效途径，就是降低车辆的总质量，车身新型材料的使用（包括铝材料的使用），可以有效地节约能源，降低能耗，同时减少了一氧化碳、二氧化碳和其他气体对温室效应的影响。

② 铝合金车身的优点。

经济性：铝车身可以使车辆减轻 20％～30％ 的质量，可以减少 10％ 的油耗。

环保性：99％ 的铝可以被回收再利用。同时可以降低燃烧气体的排放量。

防腐蚀性：铝制品在使用过程中表面会产生一层致密的氧化膜，具有保护铝制品功能，起到防腐的性能作用。

可加工性：铝材的一致性要比钢材好，它能够很好地通过冲压或挤压加工成形。

安全性：质量轻、高耐磨、刚度好、比强度高、具有较高的能量吸收性能（比普通碳钢板增加 50％ 左右），抗冲击性能优，是制造车身吸能缓冲区的理想材料。

（2）铝及其合金分类

国际上通常以美国铝协会制定的代号表示法将铝及铝合金划分为两大系列，即：延展系列和锻造系列。

① 延展系列

非热处理：纯铝（1000 系列）、铝锰合金（3000 系列）、铝硅合金（4000 系列）、铝镁合金（5000 系列）。

热处理：铝铜合金（2000 系列）、铝硅镁合金（6000 系列）、铝锌镁合金（7000 系列）。

② 锻造系列

非热处理：纯铝、铝硅合金、铝镁合金。

热处理：铝铜合金、铝硅镁合金、铝硅铜镁合金、铝镁合金。

③ 铝合金系列的合金成分，见表 7-1。

表 7-1　铝合金系列的合金成分代号

铝合金种类	特　性
纯铝（1000 系列）	纯铝为 99％以上的铝质材料，导电性佳但强度弱。使用于家庭用品和电气器具等
铝铜合金（2000 系列）	一般称为杜拉铝，此种合金强度像钢一样，但焊接性差。使用于飞机的机身
铝锰合金（3000 系列）	此种合金改善纯铝强度。使用于建材和烹饪用的平锅、壶等
铝硅合金（4000 系列）	此种合金因为加入了硅，所以抗磨损性佳。此种合金因为含有铜、锰、或镍，所以耐热性佳，为锻造汽车活塞的使用材料
铝镁合金（5000 系列）	在所有非热处理铝合金中，此种合金强度最强，且焊接性及耐腐蚀性都最好。使用于建材、船舶和汽车用熔接构材
铝硅镁合金（6000 系列）	此种合金强度强，耐腐蚀性佳且具有抗压性。使用于建筑材料中的窗框
铝锌镁合金（7000 系列）	此种合金在所有铝合金中强度最强。使用于汽车和机车的车架和保险杠加强梁

（3）铝板在典型车型中的应用

以日本丰田车系的应用为例：LEXUS SC430、LEXUS IS300 和 Prius 等车型的面板上所采用的铝板，为确保材料强度和可成形性，在铝中添加了各种材料。有 7 种不同类型的铝合金，涵盖 1000 系列至 7000 系列。非热处理型为 1000、3000、4000 和 5000 系列。热处理型为 2000、6000 和 7000 系列，铝板在典型车型中的应用如图 7-1 所示。

2. 铝及铝合金的焊接特性

（1）导热性强，热熔量大（约为钢的 3～4 倍），焊接过程中大量的热量被迅速传导到基体金属内部。因此，焊接铝及铝合金比钢要消耗更多的热量，焊前常需采取预热（薄、小铝件一般不用预热）等工艺措施。也难以在一个集中点加热铝合金。

（2）熔点低和高温强度小，焊接难度大，铝的熔点低（657℃），（铝合金熔点更低，铝合金系列为 595℃，铝锌系列为 475℃）。其熔点仅仅约为铁（铁的熔点为 1535℃）的一半。另外还有一个特性：铁在升温时眼睛可以直观到颜色的变化，而铝合金本身是白色，在焊接时眼睛不能观察到明显的颜色变化，即固态到液态之间没有明显的颜色变化。而且一旦达到熔点，铝合金就立即呈液态状态（没有任何征兆）。如果是薄铝板焊接，此时很容易出现熔穿现象，所以铝的焊接特性给焊接实施造成很大的难度。

（3）铝的导电率高，导电性是钢板的 3 倍。在电阻焊接中，电能的需要比焊接钢板高，故无法在一般的车身维修车间进行点焊。需使用大型和重型设备，选用功率密度大的焊接方法。

（4）铝在常温下，其表面与空气形成一层致密的氧化膜（Al_2O_3），厚度约 0.1μm，熔点在 2050℃，远远超过铝及铝合金的熔点（657℃），而且体积质量大，约为铝的 1.4 倍。氧化膜具有防锈特性。但在焊接过程中，氧化铝薄膜会阻碍金属之间的良好熔合，容易引起夹渣（因氧化膜比重与铝相近）。氧化膜还会吸附水分，焊接时会促使焊缝生成气孔。因此，焊前必须严格清理焊件表面的氧化物，并加强焊接区域的保护。

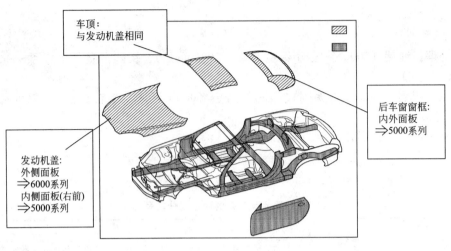

车顶：
与发动机盖相同

后车窗窗框：
内外面板
⇒5000系列

发动机盖：
外侧面板
⇒6000系列
内侧面板(右前)
⇒5000系列

(a) LEXUS SC430 (2001.1-)车的使用

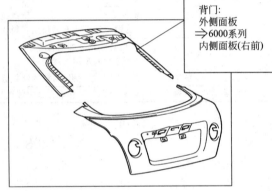

背门：
外侧面板
⇒6000系列
内侧面板(右前)

(b) LEXUS IS300 (2001.7-)车的使用

发动机盖板
⇒6000系列

背门板
⇒6000系列

(c) PRIUS (2003.8-)车的使用

图 7-1　铝板在丰田典型车型中的应用

　　(5) 铝的线膨胀系数大（约为钢的 2 倍）。如果未遵照适当的焊接步骤，则很容易对铝板造成损伤。铝合金中的锰、镁、锌等在焊接高温时也极易蒸发。

　　(6) 铝的硬化收缩率是钢的 1.5 倍。因此铝合金在硬化后容易断裂，所以在对其进行加热和冷却时须特别小心。

（7）氢在铝的液态和固态的溶解度相差 20 倍左右，（若在焊接的熔池中氢含量过高容易产生气孔现象）所以在普通金属气体保护电弧焊接中，焊缝冷却速度过快，氢不易折出，而在钨极惰性气体电弧焊接时，气孔倾向小于普通金属气体电弧焊接。

（8）尽管铝合金有各种各样的卓越特性，但与钢相比，它缺少可加工性。简而言之，"与钢相比，铝更柔软，更容易拉伸"。由于铝较软，敲击时应当使用木锤。同样，在打磨时须特别小心，避免在表面造成深的刮痕或切痕。进行垫圈焊接时需使用一种特殊焊机。无法使用用于焊接钢板的垫圈焊机。对于 MIG 焊接，一般借助 100％氩气才能进行焊接。无法使用二氧化碳气体或混有氩气的二氧化碳气体。

3. 铝合金焊接的参数选择及注意事项

MIG 焊的焊接技术参数有焊丝直径、焊接电流、电弧电压、焊接速度、保护气体流量等。

（1）铝合金的 MIG 焊对杂质敏感，而且铝的材质较软，为最大限度保证焊缝质量和送丝稳定可靠，MIG 焊通常采用直流反极性连接，为了获得稳定的射流过渡电弧。一般希望焊接电流超过"临界电流"值。由于临界电流的限制，在焊接厚度较小的焊件时，须采用很细的焊丝，这给送丝造成很大困难。其推丝式送丝机构应是双主动送丝（CO_2 专用焊机的送丝机构可以用单主动送丝），选用尽可能粗的焊丝进行焊接。

（2）薄板焊接一般不开坡口，厚度小于 3mm 可采用卷边接头。

（3）电弧电压：为了获得良好的焊接效果，必须要有适当的电弧长度，而电弧电压取决于电弧长度。

① 电弧电压适当，能获得良好的焊接效果（听流畅的吱吱声音）[参照图 7-2(b)]。

② 电弧电压升高，电弧长度增长，导致熔池变宽，熔深变浅。听到"吧嗒"的声音[参照图 7-2(c)、图 7-3(a)]。

③ 电弧电压降低，电弧长度缩短，导致熔池变深，熔渣增多，焊珠高。听到"嘭、嘭"的声音[参照图 7-2(a)、图 7-3(b)]。

(a) 电弧电压: 低　　　　　(b) 电弧电压: 适中　　　　　(c) 电弧电压: 高

图 7-2　电弧电压和焊珠

（4）铝合金焊接一般用较快的焊接速度。

（5）MIG 焊所需的气体流量大，通常在 10～15L/min 甚至是 30～60L/min，喷嘴孔径也相应地应有所增加，有时甚至要用双层喷嘴、双层气流保护。

（6）同时要注意焊丝的伸出长度对保护效果、电弧稳定性和焊缝成形的影响。

4. 铝及铝合金焊接缺陷原因分析

铝及铝合金 MIG 焊时，焊接接头常见的缺陷主要有焊缝成形差、裂纹、气孔、烧穿、未焊透、未熔合、夹渣等。

（1）焊缝成形差及产生原因与防治

焊缝成形差主要表现在焊缝波纹不美观，且不光亮；焊缝弯曲不直，宽窄不一，接头太

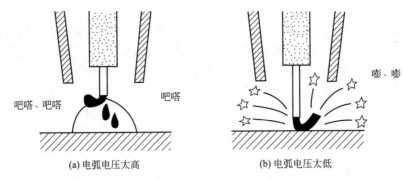

(a) 电弧电压太高   (b) 电弧电压太低

图 7-3　电弧电压过高、低的不同声音

多；焊缝中心突起，两边平坦或凹陷；焊缝满溢等。

产生原因：焊接规范选择不当；焊枪角度不正确；操作不熟练；导电嘴孔径太大；焊接电弧没有严格对准坡口中心；焊丝、焊件及保护气体中含有水分。

防止措施：反复调试选择合适的焊接规范；保持焊枪合适的倾角；加强技能训练；选择合适的导电嘴径；力求使焊接电弧与坡口严格对中；焊前仔细清理焊丝、焊件；保证保护气体的纯度。

(2) 裂纹及产生原因与防治

铝及铝合金焊缝中的裂纹是在焊缝金属结晶过程中产生的，称为热裂纹，又称结晶裂纹。其形式有纵向裂纹、横向裂纹（往往扩展到基体金属），还有根部裂纹、弧坑裂纹等等。裂纹将使结构强度降低，甚至引起整个结构的突然破坏，因此是完全不允许的。

产生原因：焊缝隙的深宽比过大；焊缝末端的弧坑冷却快；焊丝成分与母材不匹配；操作技术不正确。

防止措施：适当提高电弧电压或减小焊接电流，以加宽焊道而减小熔深；适当地填满弧坑并采用衰减措施降低冷却速度；保证焊丝与母材合理匹配；选择合适的焊接参数、焊接顺序，适当增加焊接速度，需要预热的要采取预热措施。

(3) 气孔及产生原因与防治

在铝及铝合金 MIG 焊中，气孔是最常见的一种缺陷（如图 7-4）。要彻底清除焊缝中的气孔是很难办到的，只能是最大限度地减小其含量。按其种类，铝焊缝中的气孔主要有表面气孔、弥散气孔、局部密集气孔、单个大气孔、根部链状气孔、柱状气孔等。气孔不但会降

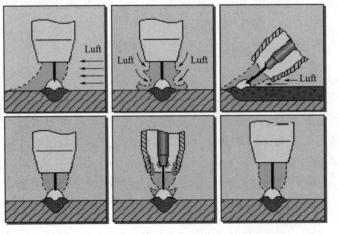

缺陷：

保护气体没有覆盖整个熔池，而是偏向一边

后果：

在焊缝中产生很多气孔

图 7-4　气孔缺陷

低焊缝的致密性，减小接头的承载面积，而且使接头的强度、塑性降低，特别是冷弯角和冲击韧性降低更多，必须加以防止。

产生原因：气体保护不良，保护气体不纯；焊丝、焊件被污染；大气中的绝对湿度过大；电弧不稳，电弧过长；焊丝伸出长度过长、喷嘴与焊件之间的距离过大；焊丝直径与坡口形式选择不当；在同一部位重复起弧，接头数太多。

防止措施：保证气体质量，适当增加保护气体流量，以排除焊接区的全部空气，消除气体喷嘴处飞溅物，使保护气流均匀，焊接区要有防止空气流动措施，防止空气侵入焊接区，保护气体流量过大，要适当减少流量；焊前仔细清理焊丝、焊件表面的油、污、锈、垢和氧化膜，采用含脱氧剂较高的焊丝；合理选择焊接场所；适当减少电弧长度；保持喷嘴与焊件之间的合理距离范围；尽量选择较粗的焊丝，同时增加工件坡口的钝边厚度，一方面可以允许使用大电流，也使焊缝金属中焊丝比例下降，这对减少气孔的产生是行之有效的；尽量不要在同一部位重复起弧，重复起弧时要对起弧处进行打磨或刮除清理；一道焊缝一旦起弧后要尽量焊长些，不要随意断弧，以减少接头量，在接头处需要有一定的焊缝重叠区域。

（4）烧穿及产生原因与防治

产生原因：热输入量过大；坡口加工不当，焊件装配间隙过大；点固焊时焊点间距过大，焊接过程中产生较大的变形量；操作姿势不正确。

防止措施：适当减小焊接电流、电弧电压，提高焊接速度；加大钝边尺寸，减小根部间隙；适当减小点固焊时焊点间距；焊接过程中，手握焊枪姿势要正确，操作要熟练。

（5）未焊透及产生原因与防治

产生原因：焊接速度过快，电弧过长；坡口加工不当，装配间隙过小；焊接技术较差，操作姿势掌握不当；焊接规范过小；焊接电流不稳定。

防止措施：适当减慢焊接速度，压低电弧；适当减小钝边或增加要部间隙；使焊枪角度保证焊接时获得最大熔深，电弧始终保持在焊接熔池的前沿，要有正确的姿势；增加焊接电流及电弧电压，保证母材足够的热输入获得量；增加稳压电源装置或避开用电高峰。

（6）未熔合及产生原因与防治

产生原因：焊接部位氧化膜或锈未清除干净；热输入不足；焊接操作技术不当。

防止措施：焊前仔细清理待焊处表面；提高焊提高电流、电弧电压，减速小焊接速度；焊接时要稍微采用运条方式，在坡口面上有瞬间停歇，焊丝在熔池的前沿，提高焊工技术。

（7）夹渣及产生原因与防治

产生原因：焊前清理不彻底；焊接电流过大，导致电嘴局部熔化混入熔池而形成夹渣；焊接速度过高。

防止措施：加强焊接前的清理工作，多道焊时，每焊完一道同样要进行焊缝清理；在保证熔透的情况下，适当减少焊接电流，大电流焊接时，导电嘴不要压得太低；适当降低速度，采用含脱氧剂较高的焊丝，提高电弧电压。

 任务实施

项目 车身铝板焊接

1. 项目描述

车身铝质板件，属于较薄的板件，铝质车身板件的厚度只是普通钢板钣件厚度的 1.5～2 倍，由于铝材具有某些方面的独特性，焊接时一般使用的是 MIG 焊接，除了要求保护气体（99.99％Ar）的绝对纯度外，还应按照铝焊的焊接工艺进行操作。

2. 设备工具及耗材

（1）MIG 焊接设备。

（2）铝质车身板件。

（3）与之匹配的专用铝焊丝。

（4）安全防护用品：防护面罩，防护服，防护手套，劳保鞋。

（5）常用工具：专用手锤、钢丝钳、等。

3. 操作步骤

车身铝质板件的修复焊接：分焊接的前期处理和焊接实施两大步骤。前期处理，包括撕裂板件的整形处理和焊接区域的表面清洁处理；焊接实施，包括破损处的焊接和后期处理，其具体操作步骤如下：

（1）焊接前的准备

焊接前，对铝质板件需要焊接的区域进行整形处理，整形应该使用木质锤、塑料锤以及不锈钢金属锤，切忌不能使用普通碳钢手锤，那样会产生电偶腐蚀，在铝板上面留下黑色的痕迹。

清理焊接场地，做好焊接区域防火安全，对焊接板件周边进行必要的遮蔽，铝焊是熔接焊，在焊接时会产生大量火花，焊接区域不能存在有易燃易爆物品。

铝质板件焊接必须在无尘、干燥和空气流通的环境下进行，铝合金 MIG 焊除了有极强弧光外，同时在焊接过程中还能产生许多有害气体（如 CO_2 和 CO 等）、金属粉尘和清洁剂的蒸气等有害物质。但风速不得大于 2 级（0.5m/s），防止击穿气体保护幕。

正确佩戴铝焊焊接必需的防护用品，铝合金板 MIG 焊时弧光具有较强的紫外线、红外线、强光以及热辐射，应该身着工作服和工作鞋、戴焊接皮手套、专用面罩以及焊接呼吸器。具体穿戴参照图 7-5。

焊接准备，防锈处理防护用品　　　　焊机焊接作业防护用品　　　　打磨焊点防护用品

图 7-5　焊接作业过程中使用防护用品

（2）施工设备及工具

焊接碳钢使用的工具不能用于铝质板件焊接，不能用普通碳钢划针或钢锯条在铝板焊接区域划线或做记号，如果需要，可以采用铅笔进行标记。

铝合金在高温时的强度和塑性低，铝在 370℃时强度仅为 10MPa，焊接时会因为不能支撑住液体金属而使焊缝成形不良，甚至形成塌陷或烧穿。为了解决这个问题，焊接铝及铝合金时常常要采用垫板和其他辅助措施。

一般车身普通碳钢板焊接，采用的是"金属活性气体"（MAG）焊接，而对于铝及铝合金焊接，则采用"金属惰性气体"（MIG）焊接工艺。

① MIG 焊设备组成及要求

在车辆维修焊接时，所使用的铝焊焊接设备，是半自动 MIG 焊机，其设备组成：初级电源、控制系统、送丝系统、次级电源、焊枪、供气系统、冷却系统等（见图 7-6）。

图 7-6　铝合金 MIG 焊接设备

② 保护气的选用

a. 用纯氩气作为保护气体，可以保证稳定的熔滴过渡，氩气是一种无色、无味和无毒的惰性气体。几乎不与任何金属发生化学反应，也不溶于金属中，其密度是空气的 1.4 倍，所以焊接时对电弧和熔池金属有较好的覆盖作用，隔离了空气中的氧气和氮气的侵入，适合于焊接铝、铜和不锈钢等金属。

b. 在焊缝强度和防止氢气孔方面比采用氩与氦混合气的效果要差。实践证明含有 30%～70%氦的氩与氦的混合气有许多优点。最常用的混合气是 50%的氦和 50%的氩。对于相同的弧长，氦的含量越高，电弧电压越高。不同氩与氦混合比的焊接效果有差异。

c. 气体流量：短路电弧 12～15L/min；喷射和脉冲电弧 15～20L/min。相对于焊接钢质车身气体流量应增加 50%

③ 焊缝形状：氦的含量越高，焊缝越宽，熔深越深，焊缝成形越好。可用于高速焊接。

④ 焊丝选用

a. 应综合考虑母材的化学成分、力学性能和使用条件等因素，并应符合表 7-2 要求。

表 7-2　根据母材成分选用焊丝

铝及铝合金类型	焊 丝 选 用
纯铝	选用纯度与母材相近的焊丝
铝镁合金	选用含镁量等于或略高于母材的焊丝
铝锰合金	选用与母材成分相近的焊丝或铝硅合金焊丝
异种铝合金	选用与抗拉强度高一侧的母材相近的焊丝
铝及铝合金	母材切条作填充金属

铝及铝合金焊丝选用，根据焊接工件材料牌号，选用相同焊丝材料牌号进行焊接，可以获得优良的焊接质量（具体参考中华人民共和国国家标准 GB 50236 选用）。

b. 常用车身维修焊丝材料：对于铝合金板系列，丰田公司最常使用5000和6000。5356（焊丝编码）属于5000系列，由铝和镁合金组成。

c. 焊丝直径。铝焊焊丝直径是参考所焊接的铝板厚度及焊接电流来确定的。对于一般应用类型，请查看车身维修使用手册或咨询焊接设备供应商。丰田汽车公司已确认，1.0mm厚的铝板使用直径在0.6～0.8mm之间的焊丝效果比较好。

（3）去除油漆和氧化膜等的清理工作，防止产生气孔、夹渣

① 坡口及其附近的表面可用装有80号砂轮的砂轮机除去周围的油漆涂层。当去除油漆后的铝板暴露于空气中时，很快就会生成一层氧化膜。氧化膜熔点高、密度高、硬度大，会阻止底材金属焊接在一起。过高温度还会导致铝板变形（特别是薄的铝板），从而增大修理范围。

② 在焊接前须打磨表面以快速去除氧化膜。即要求进行焊前清理：焊前应对焊件坡口、垫板及焊丝进行氧化膜和油污清理，否则焊缝抗腐蚀力下降，并且容易引起气孔。

③ 清理方法：先用丙酮或四氯化碳等有机溶剂除去表面油污，两侧的清理范围不应小于50mm。清洁工具应定期进行脱脂处理。清理好的焊件和焊丝不得有水迹、碱迹或被沾污。

a. 化学清洗：化学清洗效率高，质量稳定，适用于清理焊丝及尺寸不大、成批生产的工件。可用浸洗法和擦洗法两种。

b. 机械清理：在工件尺寸较大、生产周期较长、多层焊或化学清洗后又被沾污时，常采用机械清理。先用丙酮、汽油等有机溶剂擦拭表面以除油，随后直接用直径为0.15～0.2mm的铜丝刷或不锈钢丝刷子刷，刷到露出金属光泽为止。一般不宜用砂轮或普通砂纸打磨，以免砂粒留在金属表面，焊接时进入熔池产生夹渣等缺陷。另外也可用专用工具进行锉削、刮削、铣削、刮刀等清理待焊表面。清理后如存放时间过长（如超过24h）应当重新处理。

（4）将焊口表面清洁与夹紧

参照图7-7。

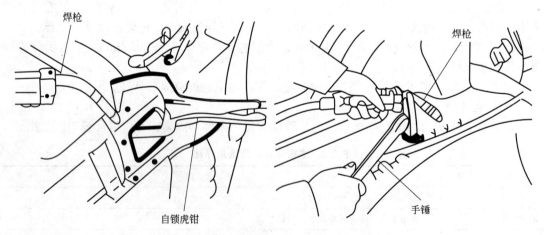

图7-7　焊口表面清洁与夹紧

（5）在支架上安装并固定好焊丝盘

参照图7-8。

（6）装上各接头和接口

参照图7-9。

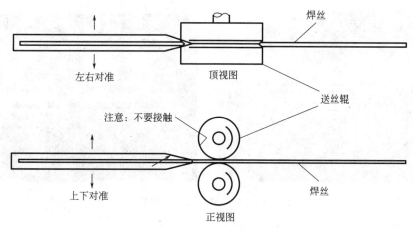

左右对准　顶视图　焊丝

注意：不要接触　送丝辊

上下对准　正视图　焊丝

图 7-8　安装并固定焊丝盘

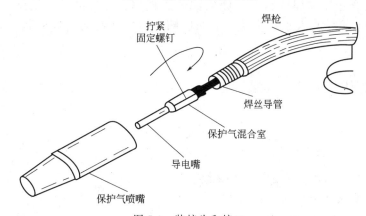

拧紧
固定螺钉　焊枪

焊丝导管

保护气混合室

导电嘴

保护气喷嘴

图 7-9　装接头和接口

（7）实施焊接

参考学习任务三。

（8）焊接质量检验

① 外观检查：以眼睛直观为主。

a. 观察焊缝外观：焊缝高、低、宽、窄一致，焊珠表面湿润，有足够的熔深，边缘无塌陷，焊缝已经填满，以及无过烧、夹渣、气孔、裂纹等缺陷（参照图 7-10）。

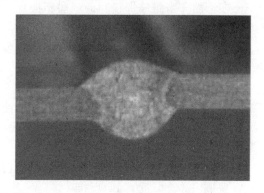

图 7-10　焊缝截面效果图

b. 评估焊接的完整性：焊珠连续无断开现象，鱼鳞纹叠加一致而有序（参照图 7-11）。

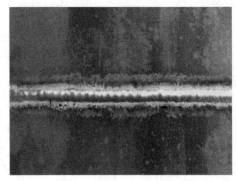

图 7-11　焊缝正面及背面效果图

② 超声波探伤检验。

超声波可以检验任何焊件材料、任何部位的缺陷，并且能较灵敏地发现缺陷位置，但对缺陷的性质、形状和大小较难确定。所以超声波探伤常与射线检验（如 X 射线）配合使用。

 学习评价

1. 理论考核

（1）分析题

① 铝焊的原理与特征。

② 铝焊各种技术参数对焊接质量的影响。

③ 铝焊的几种焊接方法技术要领。

④ 铝焊缺陷产生和处理措施。

（2）判断题

① 铝焊是属于 MAG 的一种焊接形式。　　　　　　　　　　　　　　（　　）

② 铝焊焊接可以用二氧化碳作为保护气体。　　　　　　　　　　　　（　　）

③ 铝焊焊接之前，必须对铝板表面的氧化铝进行清除。　　　　　　　（　　）

④ 已经清理的铝板，过了 24h 没有进行焊接，应该重新清理。　　　　（　　）

（3）选择题

① 在铝质车身维修焊接时，一般不使用电阻点焊，因为铝的导电率是钢的（　　）。

A. 2 倍　　　　　　　　B. 3 倍　　　　　　　　C. 2.5 倍　　　　　　　　D. 4 倍

② 氧化铝会阻碍金属之间的良好熔合，容易引起夹渣，但也具有（　　）。

A. 防锈特性　　　　　　　　　　　　　B. 助燃性

C. 抗拉性　　　　　　　　　　　　　　D. 钢材的特性

③ 在铝质车身修复作业时，为什么不能使用普通碳钢工具，其原因是（　　）。

A. 会产生电偶腐蚀　　　　　　　　　　B. 因为硬度过大

C. 会造成表面伤痕　　　　　　　　　　D. 可能使铝板延展

④ 在铝质车身板件焊接时，使用的是半自动 MIG 焊机，次级电源一般采用（　　）。

A. 正接　　　　　　　　B. 反接　　　　　　　　C. 没有规定　　　　　　　D. 随便

2. 技能考核

项目　车身铝板焊接见表 7-3。

表 7-3　车身铝板焊接

基本信息	姓　名		学　号		班　级		组　别	
	规定时间		完成时间		考核时间		总评成绩	
任务操作	序号	步　骤	完成情况		标准分	评分		
			完成	未完成				
	1	考核准备 设备与工具 相关表格			10			
	2	操作流程			10			
	3	操作规范			5			
	4	操作技巧			5			
	5	铝焊操作实施			5			
	6	铝焊操作应变能力			5			
	7	铝焊焊接缺陷处理			5			
	8	铝焊焊接质量			5			
	9	铝焊焊接辅助处理			5			
	10	综合素质			5			
沟通能力					10			
掌控能力					10			
技术能力					10			
熟练程度					10			

学习任务八

车身板件切割

工作情境描述

在客户的轿车车身板件受到严重撞击而需要切割更换修复时，作为车辆维修人员，请根据空气等离子切割和氧乙炔焰切割的特性及适用范围，对需要切割更换修复的车身板件进行切割。

学习目标

1. 了解空气等离子切割和氧乙炔焰切割的工作原理；
2. 熟悉空气等离子切割和氧乙炔焰切割的特征及操作规程；
3. 根据空气等离子切割和氧乙炔焰的切割工艺独立完成车身板件切割作业。

 知识准备

车身板件切割的常用方法有：冲裁、剪板机、等离子切割、电动剪、气动剪、砂轮机切割、氧-乙炔焰切割（气割）、手动剪等。本任务主要介绍等离子弧切割和气割。

1. 气割原理和特点

气割基本原理是利用可燃气体加上氧气混合燃烧的预热火焰，将金属加热到燃烧点，然后加大氧气以便将金属吹开。加热-燃烧-吹渣过程连续进行，并随着割炬的移动而形成割缝。气割的特点：切割效率高，切割钢的速度比其他机械切割方法快；机械方法难以切割的截面形状和厚度，采用氧-乙炔焰切割比较经济。切割设备的投资比机械切割设备的投资低，切割设备轻便，可用于野外作业。割小圆弧时，能迅速改变切割方向。切割大型工件时，不用移动工件，借助移动氧-乙炔火焰，便能迅速切割。进行手工和机械切割。切割的尺寸公差，劣于机械方法；热火焰和排出的赤热熔渣存在发生火灾以及烧坏设备和烧伤操作工的危险；切割时，燃气的燃烧和金属的氧化，需要采用合适的烟尘控制装置和通风装置；切割材料受到限制（如铜、铝、不锈钢、铸铁等）不能用氧-乙炔切割；热影响区大，变形严重。

目前，在汽车车身修理时，等离子弧切割正在取代氧乙炔切割，它能够迅速有效地切割受损坏的金属而不改变母材的性能。

因为现在整体式轿车车身上的结构件都是高强度或超高强度钢板，氧-乙炔切割法会使这类钢板的抗拉强度下降50％左右。

等离子弧切割具有产生的热量大而集中、运行速度快等特点，再加上它可以轻易地切割生锈的、带有油漆或覆盖层的金属，因此，它在汽车车身修理领域是一种理想的切割方法。

等离子弧切割（即等离子空气切割）的实质是在极小的范围内产生一般很强的热气流，这股热气流熔化并带走金属。采用这种方法可以很整齐地切割金属。此外，由于热量非常集中，甚至在切割薄金属板时，也不会使金属板弯曲。

2. 等离子弧切割原理

（1）等离子体的概念

等离子体是一种特殊的物质，现代物理学中把它列于物质三态（固态、液态、气态）之后，称为物质第四态。在电弧的产生中提到气体的电离问题，即气体在获得足够能量的时候，便会使中性的气体分子或原子电离成带正电的离子和带负电的电子。较充分电离的气体就是等离子体。由于等离子体具有较好的导电能力、极高的温度和导热性，能量又高度集中，因而对于熔化一些难熔的金属和非金属非常有利。

（2）等离子弧的产生

以前所说的电弧，由于未受到外界的约束，故称为自由电弧。在电弧区内的气体是未被充分电离的，能量不能高度集中。为了提高弧柱的温度，可以增大电弧电流和电压，但是由于弧柱直径与电弧电流和电压成正比，因而弧柱中的电流密度近乎等于常数，其温度也就被限制在 $5000 \sim 6000℃$ 左右。如果对自由电弧的弧柱进行强迫"压缩"，就能获得导电截面收缩比较小而能量更加集中的电弧——等离子弧。这种强迫压缩的作用，称为"压缩效应"。

使弧柱产生"压缩效应"有如下三种形式：

① 机械压缩效应　如图 8-1(a) 所示，在钨极（负极）和工件（正极）之间加上一个较高电压，通过激发使气体电离形成电弧。此时，若弧柱通过具有特殊孔形的喷嘴，并同时送入一定压力的工作气体时，使弧柱强迫通过细孔道，弧柱便受到了机械压缩，弧柱截面积缩小，这就称为机械压缩效应。

② 收缩效应　当电弧通过水冷却的喷嘴，同时又受到外部不断送来的高速冷却气流（如氮气、氩气等）的冷却作用，使弧柱外围受到强烈冷却。其外围电离度大大减弱，电弧电流只能从弧柱中心通过，即导电截面进一步缩小，这时电流密度急剧增加，这种作用称为热收缩效应，如图 8-1(b) 所示。

③ 磁收缩效应　带电粒子在弧柱内的运动，可看成是电流在一束平行的"导线"内移动。由于这些"导线"自身的磁场所产生的电磁力使这些"导线"相互吸引，因此产生磁收缩效应。由于前述两种收缩效应使电弧中心的电流密度已经很高，使得磁收缩效应明显增强，如图 8-1(c) 所示。

（3）等离子弧切割的工作气体

① 离子气有 N_2、$Ar-H_2$、N_2-H_2、空气以及氧气等。

两种气体混合使用都比单一的气体好，其中尤以 $Ar-H_2$ 及 N_2-H_2 混合气切口质量最好；N_2 价格相对低廉。

② 空气等离子弧切割。方便、成本低，在生产中用得较多。适用于常用结构材料（钢、铝、铜、铸铁）的切割，切割 30mm 以下板材时比氧-乙炔焰更具有优势，所以特别适合于 30mm 以下的碳钢、低合金钢的切割（更大厚度的这两种材料，氧-乙炔切割更有优势）。进

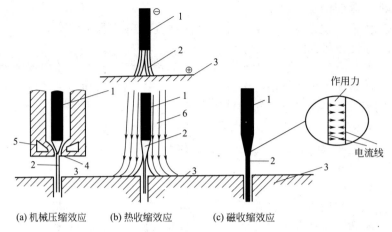

图 8-1　等离子弧的压缩效应

1—钨极；2—电弧；3—工件；4—喷嘴；5—冷却水；6—冷却气流

入切割机的压缩空气分为两路：一路为保护气，用来冷却割枪；另一路为工作气，完成对电弧的压缩（见图 8-2）。

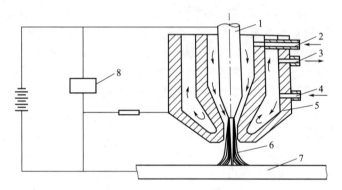

图 8-2　等离子弧发生装置原理图

1—钨极；2—进气管；3—出水管；4—进水管；5—喷嘴；6—弧焰；7—工件；8—高频振荡器

　　但空气等离子弧切割有强烈的氧化腐蚀，应用纯锆或纯铪电极（此时也可采用氧作离子气，但电极烧损更严重），也可采用复合式空气等离子弧切割。

　　（4）切割电弧的产生

　　从图 8-3(a) 可以看出，有两处有气体流过。进行等离子弧切割时，用压缩空气来进行屏蔽和切割。空气作为屏蔽气体，将割炬喷嘴的外部屏蔽起来，并对该区域进行冷却，使割炬不会过热。空气还用作切割气体。空气在流向喷嘴口的过程中，围绕着电极产生涡流。这种涡流现象有助于对气体的压缩。当设备接通时，在喷嘴和内部电极之间形成一个电维弧 [图 8-3(b)]。切割气体到达这里以后，达到过热状态，最高可达 60000℉。

　　这时，气体的温度很高，产生电离，所以能够传递电流（被电离的气体就是等离子体）。狭小的喷嘴口使膨胀的等离子体加速流向工件。当等离子体离工件足够近时，电弧穿过这一间隙，同时等离子体将电流传递到这里 [图 8-3(c)]，这就是切割电弧。

　　极高的温度和切割电弧的共同作用，在金属上熔化出一条狭窄的通道，使金属扩散到空气中并形成微粒。等离子体的作用力将所有金属微粒吹走，形成一条整齐的切口。

　　3. 等离子弧切割的特点

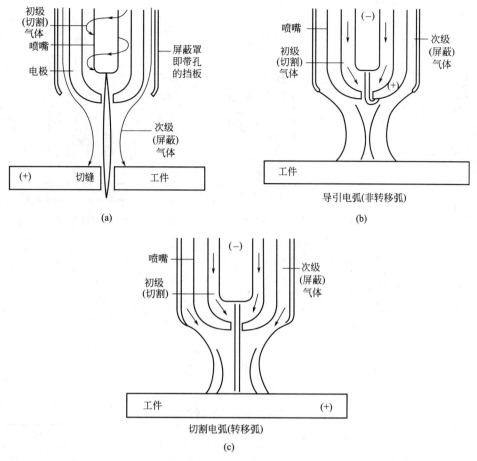

图 8-3 等离子的切割装置

① 温度高，能量集中。中心温度达 30000℃，能量密度达 $10^6\,\mathrm{W/cm^2}$。

② 导电、导热性能好。

③ 电弧挺直度好、稳定性好。弧柱发散角仅为 5°

④ 冲击力大。在三种收缩效应作用下，带电粒子从喷嘴喷出 300m/s。

⑤ 可以切割任何黑色和有色金属等离子弧可以切割各种高熔点金属及其他切割方法不能切割的金属，如不锈钢、耐热钢、钛、钼、钨、铸铁、铜、铝及其合金。切割不锈钢、铝等厚度可达 20mm 以上。

⑥ 可切割各种非金属材料。采用非转移型电弧时，由于工件不接电，所以在这种情况下能切割各种非导电材料，如耐火砖、混凝土、花岗石、碳化硅等。

⑦ 切割速度快、生产率高。在目前采用的各种切割方法中，等离子切割的速度比较快，生产率也比较高。例如，切 10mm 的铝板，速度可达 200～300m/h，切 12mm 厚的不锈钢，速度可达 100～130m/h。

⑧ 切割质量高。等离子弧切割时，能得到比较狭窄、光洁、整齐、无粘渣、接近于垂直的切口，而且切口的变形和热影响区较小，其硬度变化也不大。

⑨ 不足。设备较氧-乙炔切割复杂、投资大、空载电压高。

4. 等离子弧的类型

(1) 非转移型，如图 8-4(a) 所示。

（2）转移型，如图8-4（b）所示。

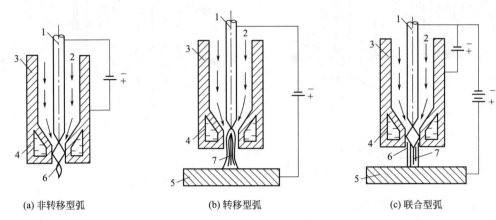

| (a) 非转移型弧 | (b) 转移型弧 | (c) 联合型弧 |

图8-4　等离子弧的类型

1—钨极；2—等离子气；3—喷嘴；4—冷却水；5—焊件；6—非转移弧；7—转移弧

（3）联合型，如图8-4（c）所示。

5. 空气等离子弧切割工艺

（1）切割工艺参数的选择

① 离子气体流量。增大气体流量，可使等离子弧的能量更加集中，从而提高等离子弧的功率，有利于提高切割速度和切割质量。但若气体流量过大，由于冷却气流把电弧的热量带走过多，切割能力反而下降，切割质量也会变坏。见表8-1。

表 8-1　气体流量对切割质量的影响

切割电流/A	切割电压/V	气体流量/（L/h）	切口宽度/mm	切口表面质量
240	84	2050		渣多
225	88	2200	12.5	有渣
225	88	2600	8.5	轻渣
230	90	2700	8.0	无渣
235	82	3300	6.5	有渣
230	84	3500	10	未切透

② 切割电流和切割电压。切割电流及电压决定了等离子弧功率及能量的大小。等离子弧功率提高，切割速度及可切割厚度相应增加。但单纯增加切割电流，则弧柱变粗，切口变宽，喷嘴烧损也要加剧。切割电流、电压等对切割质量的影响见表8-2。

表 8-2　切割电流电压等对切割质量的影响

切割电流/A	切割电压/V	气体流量/（L/h）	切口宽度/mm	切口表面质量
160	110	60		略有渣
150	115	80	5.0	无渣
160	110	104	4.0～5.0	光洁无渣
160	110	110	3.4～4.0	有渣
160	110	115		切不透

③ 切割速度。提高切割速度，切口区受热减少，切口变窄，热影响缩小。但切割速度若过快，不能切透工件；若切割速度过慢，不仅生产效率降低，还造成切口表面粗糙，同时在切口底部形成"熔瘤"，给清理造成困难。在保证切透的前提下，应尽可能选用大的切割速度。

④ 喷嘴高度。加大喷嘴与工件的距离，等离子弧向空间散失的能量会增加，用于切割

工件的有效热量相应减小，使切割生产效率降低，切割质量变坏，喷嘴与工件的距离一般不大于 10mm。

（2）切割建议

① 常用结构材料用空气等离子弧切割，不考虑用其他气体。

② 大厚度板材的批量切割，宜用（数控）自动等离子弧的水下切割（水再压缩等离子弧切割）。对于确定厚度的板材，切割电流越大，则切割速度越快。高切割速度使切口变窄、热影响区减小。应尽可能选择大的切割速度。

③ 切割大厚度工件时，提高切割电压更为有效。

（3）提高切割质量的途径

① 切口宽度和平直度。

② 切口毛刺的消除。

③ 避免产生双弧。

④ 大厚度工件的切割：

a. 适当提高切割功率；

b. 适当增大离子气流量；

c. 采用电流递增或分级转弧；

d. 切割前进行预热。

6. 使用空气等离子弧切割机注意事项

（1）割炬的角度。在整个切割过程中，割炬应与切口平面保持垂直，不然切口发生偏向，切口不光洁，在切口底面造成熔瘤。为了提高切割速度进而提高生产率，通常可将割炬在切口所在平面内向与切割方向相反的方向倾斜一个角度（0°～45°），当切割厚板、采用大功率时，后倾角应小些；切割薄板、采用小功率时，后倾角应大一些。当切割厚度在 3～6mm 材料时，最好使等离子割炬与母材成 45°角，直到等离子弧切入金属。这将使火花流能以 45°角离开气体喷射器。如果在切割较厚的材料时，等离子割炬与工件保持垂直，火花将被射回到气体喷射器中。这时熔化的金属将集中到气体喷射器上，会堵塞各气孔并极大地缩短气体喷射器寿命。

（2）割炬的后冷却。割炬的后冷却对于延长电极和喷嘴的寿命非常重要。完成一次切割，在开始下一次切割之前，应先关闭割炬开关，让空气连续几秒钟流过割炬，以防止喷嘴和电极过热。一些切割机的供应者还建议在切割后让设备"空载"两三分钟。

（3）切割 6mm 以上的材料时，最好从材料的边缘处开始切割。等到工件边缘切穿后再移动割炬。如果被切工件不允许这样做时，可先在被切工件上钻一个直径约为 10mm 左右的小孔，作为切割的起切点，以避免在等离子弧的强大吹力下，熔渣四周飞溅，便于操作。尤其在严重的飞溅情况下，熔渣堵塞喷嘴，或堆积在喷嘴上与工件形成"双弧"（见图8-5），会使喷嘴烧坏。工件厚度不大时，也可不预先钻孔，切割时将割炬在切缝垂直平面内后倾一个角度，或将割件放在倾斜或垂直的位置，使熔渣容易排开，直至切割时再恢复正常的切割姿势和位置。

（4）切割前，应把切割工件表面的起切点清理干净，使之导电良好。对厚度大工件或表面不清洁的工件最好用小电弧把起切点预热一下，然后再闭合大电流开关，使转弧顺利。修理锈蚀的部位时，可将新的金属材料放在锈蚀部位的上面，然后切割补上去的金属，同时也将生锈的部分切除掉。在后侧板上进行连接时，也可采用这种方法。

（5）应该知道从切割电弧中喷出的火花会损坏油漆的表面。火花还会在玻璃上留下凹

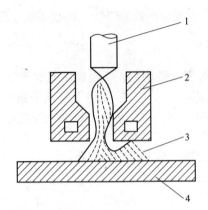

图8-5 等离子弧切割时的双弧
1—钨极；2—喷嘴；3—双弧；4—工件

点。可用一个焊接防护套来保护这些表面。

（6）下列这些因素会影响切割的质量

① 各零部件的损坏。喷嘴和电极都将在使用过程中逐渐受到腐蚀。这两者的损坏越严重，切割的质量就越低。

② 空气的质量。水分或被油污染的空气也会降低切割的质量。

③ 切割速度。切割过程开始后，割炬移动的快慢对切割质量有重大的影响。速度过大和过小都得不到质量满意的切口，割炬移动过快，在切口前端有熔融金属上翻的现象，不能切透；移动过慢除了切口宽而不齐、热影响区加大外，还往往因工件已经切透，把电弧拉得过长而熄灭，使切割过程中断。在保证切透的前提下，割炬移动速度应尽量大一些。此外，由小电弧转为切割电弧时的移动速度尤为重要，因为一方面转弧过程本身对电弧连续燃烧不利；另一方面刚起弧时工件是"冷"的，对维持电弧燃烧也很不利，因此转弧前应利用小电弧在起切点稍稍停顿一下，待电弧已经稳定燃烧并开始切透时立即向前移动。

7. 大厚度工件切割的特点

（1）大厚度工件的散热能力强，热量耗损增加，所以要求等离子弧有较大的功率，所用喷嘴孔径和钨极直径均应相应增大。

（2）等离子弧应具有较大的吹力，弧柱应拉得较长。其主要方法是调节气体流量，使等离子弧白亮的部分长而挺直有力。

（3）切割厚的工件时，电弧的不稳定性增加，因此必须采用较大的气体流量和空载电压较大的电源。专用等离子弧切割电源的空载电压达400V，可满足切割厚工件的要求。当使用较长电缆时，为减小线损电压，建议选用更大的电缆；如果连接电缆过长，可能会对切割机的起弧性能以致系统其他性能产生较大的影响，如高频起弧性能减弱或系统不能正常工作。所以建议使用切割机供应商推荐的配置长度。

（4）切割厚工件时，等离子弧的功率较大，由小弧转为切割弧时，电流突变，往往会引起电弧中断和喷嘴烧坏的现象。对此，可采取分级转弧的办法，在切割回路中串入限流电阻（约0.4Ω），降低转弧时的电流值，然后再把电阻短路掉，使等离子弧转入正常切割规范。

8. 工艺参数

几种常用材料等离子弧切割时的工艺参数分别见表8-3、表8-4、表8-5。

表 8-3 不锈钢等离子切割工艺参数

厚度/mm	喷嘴孔径/mm	空载电压/V	工作电流/A	工作电压/V	气体流量/(L/h)	切割速度/(m/h)
8	3	160	185	120	2100~2300	45~50
12	3	160	200	110~120	2300~2400	40
16	3	160	220	120	2100~2400	40
20	3	160	220	120~125	1900~2200	32~40
25	3	220	280	125~135	2700	45~55
30	3	230	280	135~140	2700	35~40
40	3.5	240	340	140~145	2700	28~35
45	3.5	240	340	145	2500	20~25

表 8-4 铝及合金等离子弧切割工艺参数

厚度/mm	喷嘴孔径/mm	空载电压/V	工作电流/A	工作电压/V	气体流量/(L/h)	切割速度/(m/h)
12	2.8	215	250	125	4400	>84
21	3.0	230	300	130	4400	75~80
25	3.0	230	300	130	4400	70
34	3.2	240	350	140	4400	35
80	3.5	245	350	150	4400	10

表 8-5 纯铜等离子弧切割工艺参数

厚度/mm	喷嘴孔径/mm	空载电压/V	工作电流/A	工作电压/V	气体流量/(L/h)	切割速度/(m/h)
18	3.2	180	340	84	1660	30
38	3.2	170	330	90	2000	8
18	3.2	256	330	96	1570	30
32	3.2	252	304	100	1570	13.6
38	3.2	252	304	106	1570	11.3

 任务实施

项目一 空气等离子弧切割

1. 项目描述

等离子弧切割，是在极小的范围内产生一股很强的热气流，这股热气流熔化并带走金属，热量非常集中，可以很整齐地切割金属。甚至在切割薄金属板时，也不会使金属板弯曲，所以在当代整体式轿车车身板件切割中，建议优先使用。

2. 设备工具及耗材

（1）等离子弧切割机。

（2）空气压缩机。

（3）教学车辆。

（4）打磨工具。

（5）遮蔽布。

3. 等离子弧切割前的准备

（1）操作安全防护与环境条件

① 等离子弧焊接和切割用电源的空载电压较高，有电击的危险。电源在使用时必须可

靠接地，焊枪枪体或割枪枪体与手触摸部分必须可靠绝缘。为了防止触电和保护皮肤的裸露部位，应戴皮手套，穿绝缘安全靴。

② 等离子弧较其他电弧的光辐射强度更大，应准备好带遮光滤光片的保护面具。尤其是紫外线强度，除罩黑色护目镜外，最好加上吸收紫外线的专门镜片。

③ 等离子弧焊接和切割过程伴随有大量气化的金属蒸气、臭氧、氮化物等有毒气体，应有良好的抽风系统或通风设备，采取换气措施。

④ 等离子弧会产生高强度、高频率噪声，尤其采用大功率等离子弧切割时，其噪声更大。

⑤ 等离子弧焊接和切割都采用高频振荡器引弧，应注意高频电磁场的生理伤害。

⑥ 心脏存在问题者或佩戴心脏起搏器者不宜操作。

（2）施工设备

等离子弧切割是利用等离子弧热能实现金属熔化的切割方法。根据切割气流种类不同，分为氮等离子弧切割、空气等离子弧切割和氧等离子弧切割等。空气等离子弧切割设备由电源、控制系统、割炬（枪）、供气和供水系统等组成（见图8-6）。

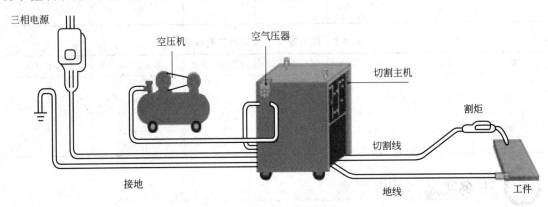

图 8-6　等离子弧切割的组成

① 电源。等离子弧切割采用具有陡降或恒流外特性的直流电源。电源空载电压一般为切割时电弧电压的两倍，常用切割电源空载电压为 150～400V。空气等离子弧切割一般要配用大于 1.5kW 的空气压缩机（流量应不小于 300L/min，压力不小于 0.8MPa）。

② 割枪。一般 60A 以下割枪多采用风冷结构，60A 以上割枪多采用水冷结构。

割枪中的电极可采用纯钨、钍钨、铈钨棒，也可采用镶嵌式电极。空气等离子弧切割时，采用镶嵌式锆或铪电极（见图8-7）。

图 8-7　割枪

（3）操作准备

① 熟悉空气等离子弧切割机前后面板的结构特征（见图8-8），检查外接电源准确无误：

将切割机后面板的电源输入线（3～380V INPUT）接入频率为 50Hz（或 60Hz）的三相交流电（见图 8-9）。

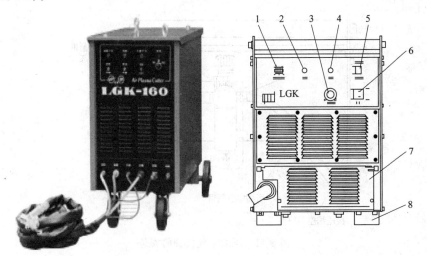

图 8-8　切割机正面图

1—割枪开关；2—报警灯；3—电流调节旋钮；4—电源指示灯；5—保持开关；6—电源开关；7—掀盖；8—底座

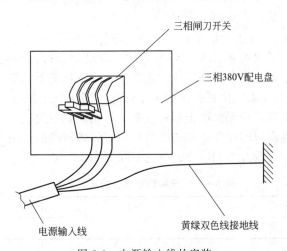

图 8-9　电源输入线的安装

②　将地线夹（见图 8-10）连接到切割工件清洁表面上夹好并检查，连接处应尽量靠近切割部位。将割炬连接到切割机上。

图 8-10　各种类型的地线夹

③ 接通气源，将压缩空气气管一端接到切割机后面板"气体入口"处，并用卡箍拧紧，另一端和清洁、干燥的压缩空气气源连接好（见图8-11），并排放积水。

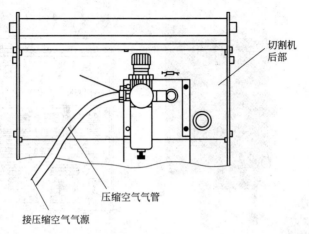

切割机后部

压缩空气气管

接压缩空气气源

图 8-11　压缩空气气管的安装

④ 检查电源开关在断位。

⑤ 闭合电网供电总开关，此时风扇开始工作，注意检查风向，风应该朝里吹，否则因主变压器得不到通风冷却，会缩短工作时间。

⑥ 启动空气压缩机，待压力足够后，调节切割机后面的空气过滤减压阀手柄至所需气压。气压和切割电流的配比关系及电流与参考材料厚度的选择，参见表8-6、表8-7。将电源开关扳到"通"位，电源指示灯亮。此时应有压缩空气从割炬中流出。注意过滤减压阀压力表指针是否在 0.2～0.4MPa 位置，压力指示灯亮，表明气压正常。若压力不符，注意切割气压的调整：压力太低，将无力吹走熔化金属、影响切割厚度；压力太高，又会使割口温度下降太多，影响割缝金属的熔化性和流动性。应在气体流动的情况下，调节过滤减压阀压力表上部旋钮，顺时针转动为增加压力，反之则降低。

表 8-6　气压和切割电流的配比关系

电流/A	30～35	35～40	40～50	50～60
气压/MPa	0.2	0.3	0.4	0.5

表 8-7　空气等离子弧切割电流与常用材料厚度参考值　　　　　　　mm

电流/A	不锈钢与低碳钢	铝及铝合金	黄铜
30	5	3	3
40	6	4	3
45	10	6	4
60	15	10	6
100	20	16	8

⑦ 让气体流通数分钟，以除去焊炬中的冷凝水汽。

（4）空气等离子弧切割施工

① 开通控制电源开关后，按动割炬开关，气阀首先导通，压缩空气通过空气过滤减压阀和气阀后，从割炬的喷嘴流出，使等离子割炬喷嘴与工件表面垂直。约 0.5s 后，交流接触器吸合，割炬的电极（负极）和工件（正极）之间就建立了适合于等离子弧切割的直流电

源。接触式割炬与工件接触即可切割。

②　将手把按钮按下并保持主电路接通，同时高频引弧器开始工作，产生引弧所需的高频高压，引弧时间约 0.5～1s。直至切割电弧形成，高频振荡器即停止工作。当等离子弧被触发后，不需要再使切割喷嘴与工件保持接触。不过，两者保持接触会使切割更容易进行。当切割喷嘴与工件保持接触时，施加在等离子割炬上的向下的力非常小。只需要将它轻轻地拉到工件表面上。此后可依靠割炬的移动来进行切割。同时切割指示灯亮。

③　等离子弧引弧成功，切割机将很容易切入涂有油漆的表面。割炬喷嘴中喷出高温高速的等离子弧束，将工件局部迅速熔化，并同时用高速气流将熔化的金属吹走，而形成狭窄切口。切割可以从工件边缘开始，板材厚度不大时，也可在工件任何一点开始切割。割炬可垂直于工件或向一侧略为倾斜，但在工件中间开口时，割炬应略向一侧倾斜，以便吹除熔化金属，割穿金属。

④　切割时必须割穿金属后方能均匀移动，移动速度由金属材料的厚度决定。选择不当将损坏喷嘴。切割过程中，切割移动速度保证割穿工件就行。材料越厚，运行速度应越低。对于较薄的材料，应加快运行速度。过快或过慢将影响切割质量，速度过快不但割不透工件，反而会引起切口挂渣烧坏喷嘴；过慢则会导致喷嘴升温过高，降低喷嘴使用寿命，且割缝变宽，余渣增多，并可能会造成断弧。

⑤　切割过程中，因割炬离开工件超过 2min 而熄弧，则需重新起弧。因连接工作时间太长造成主变压器温度超过 110℃时，热控保护开关会将设备自动关闭。应待变压器冷却后重新启动。

⑥　进行长距离直线切割时，使用一个金属靠尺会更加方便。只需将靠尺夹到工件上需要切割的地方。对于形状复杂的切割，可用薄木板做一个样板，让喷嘴沿着样板进行切割。

⑦　未进行切割工件时，尽量少按动割炬按钮，以免损坏机件。

⑧　提起割炬离开工件前，记住先释放割炬开关，此时等离子弧熄灭，切割过程停止。

⑨　切割工件结束后，压缩空气延时一段时间后自动停止，再切断电源开关和气源阀。

⑩　经常排除过滤减压阀中积水。若压缩空气中含水量过多，应考虑过滤减压阀与气源间再外加一只过滤阀，否则将影响切割质量。

项目二　氧-乙炔焰气割

1. 项目描述

氧-乙炔焰手工切割，不建议在当代整体式轿车车身板件上进行切割，但其他汽车车身一些超厚板件需要切割，在等离子弧切割不能完成的情况下，可以使用该切割方法，但要注意其切割工艺，尽量控制热感应区域，减少对切割区域或切割板件的伤害。

2. 设备工具及耗材

（1）氧-乙炔焰手工切割设备。

（2）教学车辆。

（3）打磨工具及清理工具。

（4）遮蔽布。

（5）常用工具：手锤、凿子、钢丝钳、铁丝或卡箍、钢质通针、开气扳手、打火枪等。

3. 操作步骤

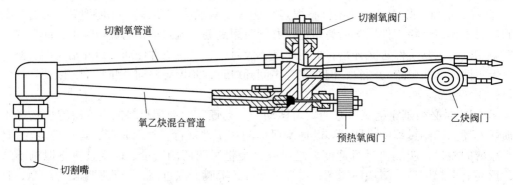

(1) 工作场地，设备及工具检查

气割前要认真检查工作场地是否符合安全生产和气割工艺的要求，将割件切口下面垫空，便于气割时散发热量和排除熔渣；检查整个气割系统的设备和工具是否正常，检查乙炔瓶、回火防止器工作状态是否正常。将气割设备按操作规程连接好；使用射吸式割炬（见图 8-12）时，应将乙炔胶管拔下，检查割炬是否有射吸力，若无射吸力，不得使用；将气割设备连接好，开启乙炔瓶阀和氧气瓶阀，调节减压器，将乙炔和氧气压力调至需要的压力。

图 8-12　割炬

（2）工件的准备及其放置

清除气割工件割缝表面的油漆、氧化铁皮和污垢。工件应垫平，垫高，距离地面一定高度，有利于熔渣吹除。工件下的地面应为非水泥地面，以防水泥爆溅伤人，烧毁地面，否则应在水泥地面上遮盖石棉板等。

（3）确定气割工艺参数

根据气割工艺图、部件工作图进行放样；根据工件的厚度正确选择气割工艺参数，割炬和割嘴规格，准备好后，开始点火并调整好火焰性质（中性焰）及火焰长度。然后试开切割氧调节阀，观察切割氧气流（风线）的形状。切割氧气流应是挺直而清晰的圆柱体，并要有适当的长度（长度一般应超过切割板厚的三分之一，见图 8-13），这样才能使切口表面光滑干净，宽窄一致。如风线形状不规则，应关闭所有的阀门，用通针修理割嘴内表面，使之光洁。

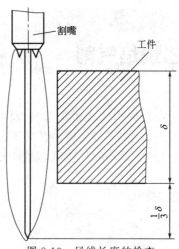

图 8-13　风线长度的检查

气割工艺参数主要包括切割氧压力、气割速度、预热火焰能率、割嘴与割件间的倾斜角度以及割嘴离割件表面的距离等因素。

① 切割氧压力

气割时，氧气的压力与割件的厚度、割嘴号码以及氧气纯度等因素有关。割件越厚，要求氧气的压力越大；割件较薄时，则要求氧气的压力较低。但氧气的压力有一定的范围。如果氧气压力过低，会使气割过程氧化反应减慢，同时在割缝背面形成粘渣，甚至不能将割件的全部厚度割穿。相反，氧气压力过大，不仅造成浪费，而且对割件产生强烈的冷却作用，使割缝表面粗糙，割缝加大，切割速度反而减慢。

随着割件厚度的增加，选择的割嘴号码应增大，使用的氧气压力也相应地要加大。切割时，根据割件厚度来选择割嘴号码以及氧气压力（厚度 2mm 以下钢板采用 1 号割嘴，氧气压力≤0.2MPa，乙炔压力 0.001～0.1MPa）。

② 切割速度

切割速度与割件厚度和使用的割嘴形状有关。割件越厚，切割速度越慢；反之割件越薄，则切割速度越快。切割速度太慢，会使割缝边缘熔化；速度过快，会产生很大的后拖量或割不穿。切割速度的正确与否，主要根据割缝后拖量来判断。所谓后拖量就是在氧气切割过程中，割件的下层金属比上层金属燃烧迟缓的距离。

气割时，后拖量的现象是不可避免的，在气割厚板时更为明显，因此，要求气割速度选择，应该以使割缝产生的后拖量较小为原则。

③ 割嘴与割件的倾斜角

割嘴与割件的倾斜角，直接影响气割速度和后拖量。割嘴与割件间的倾角可分为前倾和后倾两种。倾角的大小，主要根据割件厚度而定。

④ 割嘴离割件表面的距离

根据预热火焰的长度及割件的厚度而定，一般为 3～5mm。这样的距离加热条件好。同时割缝渗碳的可能性最小。

当气割约 20mm 的中厚钢板时，火焰要长些，割嘴离割件表面的距离可增大。在气割 20mm 以上厚钢板时，由于切割速度慢，为了防止割缝上缘熔化，所需的预热火焰应短些，割嘴离割件的距离可适当减小。这样有利于保持切割氧的纯度，也提高了气割质量。

（4）气割姿势

气割时，先点燃割炬，调整好预热火焰，然后进行气割。气割操作姿势因个人习惯而不同。

① 操作时，双脚里八字形蹲在工件一侧右臂靠住右膝，左臂空在两脚之间，以便在切割时移动方便，右手把住割炬手把，并以大拇指和食指把住预热氧气调节阀，以便于调整预热火焰和当回火时及时切断预热氧气。

② 左手扶在割枪的高压管子上，同时大拇指和食指控制高压氧气阀门，同时起掌握方向的作用，其余三指平稳地拖住混合气管。

③ 上身不要弯得太低，呼吸要有节奏，眼睛应注视割件和割嘴，并着重注视割缝前面割线，一般从右向左切割。

④ 整个气割过程中，割炬运行要均匀，割炬与工件间的距离保持不变。每割一段移动身体时要暂时关闭切割氧调节阀。

（5）气割施工

① 点火。点燃火焰时，应先稍许开启氧气调节阀，再开乙炔调节阀，两种气体在割炬内混合后，从割嘴喷出，此时将割嘴靠近火源即可点燃。点燃时，拿火源的手不要对准割嘴，也不要将割嘴指向他人或可燃物，以防发生事故。刚开始点火时，可能出现连续的放炮声，原因是乙炔不纯，应放出不纯的乙炔，重新点火。如果氧气开的太大，会导致点不着火的现象，这时可将氧气阀关小即可。火焰点燃后，调节火焰性质和预热火焰能率，与气割的

要求相一致。

②起割。开始气割时，首先用预热火焰在工件边缘预热，待呈亮红色时（既达到燃烧温度），慢慢开启切割氧气调节阀（见图 8-14）。若看到铁水被氧气流吹掉时，再加大切割氧气流，待听到工件下面发出"噗，噗"的声音时，则说明已被割透。这时应按工件的厚度，灵活掌握气割速度，沿着割线向前切割。

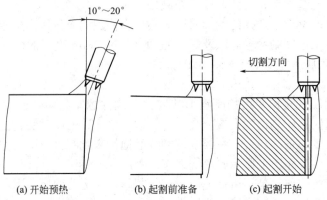

(a) 开始预热　　　　(b) 起割前准备　　　　(c) 起割开始

图 8-14　厚板（50mm 以上）的起割过程图

③气割参数调整与气割过程。

割嘴与割件表面的距离。根据火焰焰心长度来确定，一般气割时焰心尖端到割件表面的距离为 3~5mm。割嘴与割件的距离，在整个气割过程中保持均匀。

割嘴倾角的调整：手工气割时，厚度＞10mm 钢板，割嘴垂直于工件表面；厚度＜10mm 钢板，割嘴沿切割反方向倾斜 20°~30°；割曲线零件时，割嘴必须垂直于钢板表面，以提高气割速度。

气割质量与气割速度有很大关系。气割速度是否正常，可以从熔渣的流动方向来判断，熔渣的流动方向基本上与割件表面垂直。当切割速度过快时，熔渣将成一定角度流出，产生较大后拖量。

氧气压力的调节。一般割件越厚，氧气压力越高；割件较薄，氧气压力应低些，但氧气压力不能过高或过低，过低不能将割件割透，过高加大割缝宽度等。

当气割较长的直线或曲线割缝时，一般切割 300~500mm 后需移动操作位置。此时应先关闭切割氧调节阀，将割炬火焰离开割件后再移动身体位置。继续气割时，割嘴一定要对准割缝的切割处，并预热到燃点，再缓慢开启切割氧。切割薄板时，可先开启切割氧，然后将割炬的火焰对准切割处继续气割。

④停割。气割要结束时，割嘴应向气割方向后倾一定角度，使钢板下部提前割开，并注意余料的下落位置，这样，可使收尾的割缝平整。气割结束后，应迅速关闭切割氧调节阀，并将割炬抬高，再关闭乙炔调节阀，最后关闭预热氧调节阀。

⑤回火处理。在气割时，若发现鸣爆及回火时，应迅速关闭乙炔调节阀和切割氧调节阀，以防氧气倒流入乙炔管内并使回火熄灭。

 学习评价

1. 理论考核

（1）分析题

①等离子切割的原理与特征。

② 氧乙炔切割的原理与特征。

③ 等离子切割设备技术参数对切割质量的影响。

④ 氧乙炔切割的操作要领对质量的影响。

（2）判断题

① 等离子切割的工作原理与氧乙炔切割原理相同。　　　　　　　　　　　　　（　　）

② 氧乙炔设备，能够有效地对有色金属进行切割。　　　　　　　　　　　　　（　　）

③ 等离子切割时的工作气体，混合气体比单一气体好。　　　　　　　　　　　（　　）

④ 等离子切割时，采用非转移型电弧可以切割非导电材料。　　　　　　　　　（　　）

（3）选择题

① 等离子设备进行切割时，中心焰温度可以达到（　　　　）。

A. 3000°　　　　　B. 3500°　　　　　C. 5000°　　　　　D. 30000°

② 等离子切割设备工作时空载电压高达（　　　　）。

A. 110 V　　　　　B. 220 V　　　　　C. 380 V　　　　　D. 400 V

③ 等离子切割设备工作时的气压要求达到（　　　　）。

A. 0.2MPa　　　　B. 0.4MPa　　　　C. 0.6MPa　　　　D. 0.8MPa

④ 等离子切割设备在工作时的焰速可高达（　　　　）。

A. 100m/s　　　　B. 200m/s　　　　C. 300m/s　　　　D. 400m/s

2. 技能考核

项目一　空气等离子弧切割见表8-8。

表 8-8　等离子设备对车身板件的切割

基本信息	姓　名		学　号		班　级		组　别		
	规定时间		完成时间		考核时间		总评成绩		
	序号	步骤			完成情况		标准分	评分	
					完成	未完成			
任务操作	1	考核准备 设备与工具 相关表格					10		
	2	操作流程					10		
	3	操作规范					5		
	4	操作技巧					5		
	5	等离子设备操作要领					5		
	6	等离子设备操作实施					5		
	7	等离子切割缺陷处理					5		
	8	等离子切割质量					5		
	9	等离子切割的过程					5		
	10	综合素质					5		
沟通能力							10		
掌控能力							10		
技术能力							10		
熟练程度							10		

项目二　氧-乙炔焰气割见表8-9。

表8-9　氧-乙炔焰气割

基本信息	姓　名		学　号		班　级		组　别	
	规定时间		完成时间		考核时间		总评成绩	
任务操作	序号	步骤	完成情况		标准分	评分		
			完成	未完成				
	1	考核准备 设备与工具 相关表格			10			
	2	操作流程			10			
	3	操作规范			5			
	4	操作技巧			5			
	5	氧乙炔设备操作要领			5			
	6	氧乙炔设备操作实施			5			
	7	氧乙炔切割缺陷处理			5			
	8	氧乙炔切割质量			5			
	9	氧乙炔切割的过程			5			
	10	综合素质			5			
沟通能力					10			
掌控能力					10			
技术能力					10			
熟练程度					10			

汽车车身维修焊接实务

参 考 文 献

［1］ 李远军. 汽车车身焊接技术［M］. 北京：人民交通出版社，2009.

［2］ 高元伟. 汽车车身焊接技术［M］. 北京：人民邮电出版社，2009.

［3］ J. E. 道菲. 事故车维修基础［M］. 北京：机械工业出版社，2009.

［4］ 李远军，陈建宏. 汽车车身构造与修复［M］. 北京：人民交通出版社，2012.